제2차세계대전

WORLD WAR II : A Very Short Introduction, First Edition

First edition was originally published in English in 2014.
Korean translation rights arranged with Oxford University Press
through EYA.

첫단추 시리즈

제2차세계대전

게르하르트 L. 와인버그 지음
박수민 옮김

교유서가

차례

서론

1918년 11월 11일은 사람들이 제1차세계대전이라고 부르기 전까지는 '대전쟁'이라 불린 싸움이 멈춘 날로 줄곧 기억되었다. 1914년에서 1918년까지 전세계를 휩쓴 전쟁의 종식을 기억하는 것과 그 사건에 붙여진 이름은, 그로 인해 빚어진 전례없을 정도로 막대한 희생과 파괴를 반영한다. 1914년 이전에도 피 튀기는 전쟁이 세계 곳곳의 땅과 바다에서 벌어졌지만, 1차대전만큼 많은 나라와 식민지가 휘말리고, 지구상의 수많은 사람이 직간접적으로 관여하고, 엄청난 수의 사람이 목숨을 잃어 심지어 제국과 왕국이 뿌리 뽑히다시피 한 적은 없었다. 전쟁 말기에 그토록 크게 안도하고 그런 전쟁이 두 번 다시 벌어지지 않을 것이라는 희망이 널리 퍼졌음에도 불구하고, 불과 20년밖에 지나지 않은 시점에 비슷한 일이 반복된 뒤 1년 만에 어떻게 세계 곳곳에서 두번째 불바다가 시작되었는지 궁금하지 않을 수 없다.

일부에서는 제2차세계대전의 시작 시점을 일본이 만주를 장악한 1931년, 또는 이탈리아가 에티오피아를 침공한 1935년, 또는 중국과 일본이 교전을 시작한 1937년으로 봐야 한다고 생각한다. 이 책이 채택한 관점은 이런 분쟁이 각기 다른 종류의 전쟁이라는 것이다. 동아시아에서 벌어진 두 차례 분쟁은 이 지역에서 일본이 팽창주의적 행태를 재개할 것임을 보여준 사건이고, 스페인 내전은 한 국가 내의 분쟁으로 시작해 내전으로 끝났다. 강대국들이 이런 전쟁을 지원했지만 직접적인 교전 당사국 외에는 다른 나라가 공개적으로 참전하지는 않았다. 1939년 독일이 개시한 더 넓은 범위의 전쟁에 1941년 12월 일본이 의도적으로 합류한 것은 사실이지만, 이 책 제5장에서 다룬 일본의 그런 결정은 사전에 이루어진 것이 결코 아니었다. 2차대전 이후에는 개별 국가 간 전쟁이나 내전이 벌어지긴 했지만, 아주 다행스럽게도 세계적인 전쟁이 벌어지지는 않았다.

연구 목적으로 제2차세계대전이 1939년에 시작된 것으로 본다면, 그 이전에 벌어진 여러 사례와 같이 1941년 이후에나 세계대전으로 확전된 유럽의 전쟁으로 보지 않고 처음부터 세계대전으로 봐야 할까? 2차대전은 유럽에서 시작되었지만 처음부터 많은 국가가 참전하여 전세계적인 양상을 띠었다. 전쟁을 일으킨 독일은 이 책 제1장에서 제시한 것처럼 세계를 집어삼키려는 야망을 갖고 있었다. 캐나다, 호주, 뉴질랜드가 개전 즉시 연합국으로서 참전했고 얼마 안 가 남아프리카연방이 합류했다. 프랑스·영국의 식민지 국가도 처음부터 참전했다. 아프리카의 프랑스 식민지 군인이 프랑스에서 싸우다 프랑스가 항복하자 수천 명이 총살되고 인도에서 전쟁 중 가장 많은 지원병이 모집된 것이 그런 사실을 보여주었다. 이탈리아는 1940년 6월에야 참전하기 시작했는데, 이 때문에 아프리카 대륙은 좀더 직접적으로 전쟁에 관여하게 되었다. 또한 1941년 5~6월에 이라크에서 일어난 반영국 봉기와 시리아 전쟁은 다름 아닌 아시아에서 벌어졌다.

바다에서의 전쟁도 시작부터 세계 곳곳에서 벌어졌다. 두 가지 사례만 들어보자. 1939년 12월 우루과이 연안에서 독일 포켓전함 그라프슈페와 영국 순양함 엑세터·에이젝스·아킬레스가 교전을 벌였고, 1940년 소련은 보조순양함을 시베리아 북부 항로로 파견해 독일을 지원하여 태평양에서 연합국 함정을 격침시키게 했다. 독일의 잠수함 작전과 영국의 독일 상선 봉쇄 활동도 세계 곳곳에서 이루어졌다.

따라서 만약 제2차세계대전이 1939년 9월 독일의 폴란드 침공으로 시작되고 1945년 일본의 항복으로 끝났다면, 어떻게 이런 사건이 벌어진 것일까? 1차대전을 촉발한 책임에 대해서는 논쟁이 계속되어왔지만 독일이 2차대전을 시작했다는 데에 이견을 보인 사람은 거의 없다. 제1장에서 다룬 중요한 질문은 1차대전이라는 끔찍한 전쟁의 기억이 그 속에서 살아남은 모든 성인들의 기억에 너무나도 생생한 세상에서 왜 그리고 어떻게 또다른 전쟁이 벌어졌냐는 것이다. 독일이 이길 것으로 예상하고 전쟁을 시작한 이후, 그리고 얼마 동안은 그런 목적을 달성할 가능성이 높아 보였음에도 어떻게 연합국이 승리를 거머쥐게 되었을까? 제2장부터는 이 질문에 대한 답을 다룬다. 독일 편에 합류한 국가와 영국 · 프랑스 편에 서게 된 국가 모두를 포괄하는 방식으로 다룬다. 여기에는 소련과 미국처럼 공격을 받고 참전했거나, 이탈리아와 일본, 헝가리, 핀란드, 루마니아, 불가리아처럼 추축국이나 서반구 대부분의 국가와 같이 연합국에 자발적으로 참전한 나라가 포함된다.

제2차세계대전은 역사상 가장 큰 분쟁으로 전개되었기 때문에 교전국과 그 일부가 참전하기 이전에 이들 국가가 지배했던 식민지 내에서의 전쟁으로 인한 변화도 다룰 필요가 있다. 한편으로는 무기, 다른 한편으로는 의학과 기술에서의 극적인 변화도 다룰 필요가 있다. 예컨대 이 책의 원고를 작성하는 데 사용된 컴퓨터는 2차대전중에 개발되어 사용된 새로운 기술이 현재와 미래에 사람들의 일상에 어떻게 영향을 끼치는지 잘 보여주는 사례일 것이다.

제 I 장

두 차례 세계대전 사이의 기간

1919년 파리강화회의

독일, 오스트리아, 헝가리, 불가리아 및 오스만 제국 계승국과의 평화조약 초안을 마련한 승전국 대표단은 여러 복잡한 문제에 직면했다. 패배한 동맹국(Central Powers)을 어떻게 처리할 것인가? 러시아, 오스트리아-헝가리, 오스만 제국의 폐허에서 생겨난 신생국가를 어떻게 처리할 것인가? 중국 내 독일 식민지를 둘러싼 중국과 일본의 분쟁을 어떻게 처리할 것인가? 나머지 독일 식민지는 어떻게 처리할 것인가? 이제 막 끝난 전쟁과 같은 재앙의 위험을 어떻게 줄일 것인가? 1919년 파리강화회의에 관한 문헌에서는 잘 언급되지 않지만, 이런 퍼즐의 다수는 근본적인 이슈의 측면에서 보는 것이 도움이 된다. 즉, 영토권의 기본 전제가 왕조가 아닌 민족자결주의 원칙으로 바뀌면서 유럽과 각 지역의 영토를 어떻게 재편할 것인가라는 이슈가 중요했다. 프랑스 혁명과 나폴레옹 전쟁의 격변 뒤인 1815년에 평화중재자들은 이런 문제로 골머리를 앓지 않았다. 1차대전 뒤 승전국 대표단 다수가 판단하기에 이제 막 끝난 전쟁의 가장 큰 원인은 민족자결주의에 따른 조정의 실패였다. 그런 사실은 20세기 초의 발칸 전쟁과, 세르비아와 오스트리아-헝가리 간의 분쟁에서 분명했다.

어떻게 왕조에 대한 충성에 기반을 둔 국가를 주민의 민족 정체성에 기반을 둔 국가로 전환할 것인가? 이런 근본적인 이슈를 다루는 평화중재자들의 활동은 전적으로 공정하거나 이성적이지 않았을 뿐 아니라 좀처럼 공을 인정받지도 못했다. 유럽에서는 자신들과는 이질적인 통치자의 통치를 받고 있다고 생각하는 사람들의 수가 급감했다. 게다가 전체적으로 이런 활동에 어울리고 그렇게 보여야 했던 평화정착의 세 측면이 있었다. 유럽의 신생국가 다수는 재설정된 국경 내에 사는 소수민족의 권리 존중을 약속하는 협정을 맺어야 했다. 이런 소수민족 보호 시스템은 시스템을 만든 사람이 기대한 만큼 작동하지는 않았지만 그런 노력에 대한 공은 인정할 만하다. 이런 국경 조정의 개념에 맞는 평화정착의 둘째 특징은 유럽 여러 지역에 국민투표 기회를 제공한 것이었다. 주민들이 자신이 속한다고 여기는 국적에 투표하는 것으로, 이후의 국경

설정에 주민들이 표명한 의견이 반영되도록 하는 것이 그 목적이었다. 여기에서도 문제가 발생하지만, 그런 생각 자체는 평가해줄 만하다.

지배자가 아닌 피지배자라는 새로운 방향에 초점을 맞춘 평화정착의 셋째 측면은 독일 식민지 제국과 오스만 제국의 비(非)터키인 거주 지역에 대한 처리 방식에서 볼 수 있었다. 독일 식민지의 아주 작은 부분인 서아프리카의 카메룬과 토고는 인근 영국과 프랑스 식민지에 통합되었고, 독일령 동아프리카(탄자니아)는 포르투갈 식민지인 모잠비크에 더해졌지만, 독일 식민지 제국 대부분은 이른바 '위임통치령'으로서 영국과 프랑스에 할당된 오스만 제국의 일부분이 되었다. 위임통치령은 3개 카테고리로 나뉘었는데, A는 얼마 안 가 독립될 국가, B는 독립 과정이 더 오래 걸릴 국가, C는 장기간 외부 통제 아래에 놓일 것으로 예상되는 국가였다. 이 국가들은 독립할 수 있을 때까지 각기 다른 승전국에 할당되었고, 해당 국가를 새롭게 통치할 국가는 새로 창설된 국제기구의 특별위원회에 보고하도록 되어 있었다. 이런 과정과 이보다 앞서 벌어진 국제 분쟁 뒤 인도와 캐나다 일부, 그리고 서반구와 아시아, 태평양 섬 지역이 특정 식민 제국에서 또다른 식민 제국에 넘어간 것과는 차이가 있었다. 앞서 벌어진 분쟁 뒤에는 거주자들이 어느 시기에 런던, 파리, 마드리드, 리스본, 워싱턴, 도쿄, 로마 같은 곳이 아니라 자국 수도의 지배를 받기를 선호할 가능성을 무시했었다.

두 가지 추가적인 혁신이 언급되어야 한다. 우선 미국의 상당한 영향력으로 이른바 '국제연맹'이라는 국제기구가 만들어졌다. 규약(Covenant)이라고 불린 국제연맹 헌장은 개별 강화조약의 첫째 부분에 포함되었다. 막 끝난 끔찍한 전쟁이 재발되는 것을 막기 위해 국제관계에 새로운 접근법을 만들어야 한다는 인식이 바탕에 깔려 있었다. 당시에는 긴급한 어떤 이슈든 논의할 영구적인 국제포럼과, 소수민족 · 위임통치령 · 국민투표를 감독할 장치, 그리고 기구에 소속된 각 회원국의 독립을 보장할 집단포럼이 만들어질 예정이었다. 기대한 만큼 작동하지는 않을지라도, 그 개념은 이후 국민과 국가 지도자들의 생각에 영향을 끼칠 국제관계에 새로운 요소를 제시했다.

또다른 혁신은 독일과의 강화조약에 전범 재판을 위한 조항을 포함시킨 것이었다. 이것은 독일인들이 가장 싫어했던 조항 중 하나였고, 결과적으로 국제 재판은 열리지 않았다. 그 대신 라이프치히에 있는 독일 법정회의로 그 책임이 넘어갔다. 이런 재판은 촌극임이 드러나 제2차세계대전중이나 전후에 다른 방식이 나오게 되었지만, 마찬가지로 사람들이 전쟁의 공포에 대해 생각하는 방식에 새로운 요소로 작용했다. 예컨대 적 함정에 어뢰를 쏜 다음 구명정에 탄 생존자들을 향해 기관총을 쏘도록 명령한 잠수함 함장은 독일에서 나치가 권력을 잡은 뒤에 당연히 높은 자리를 기대할 수도 있었지만, 전범자 처리에 관한 협약은 그런 활동에 대한 새로운 시각을 보여주었다.

대전 말기에 오스트리아-헝가리와 오스만 제국은 사라졌기 때문에 독일과의 강화조약이 가장 중요했다. 왕조에서 민족자결주의 원칙으로의 전환이 가장 중요할 뿐 아니라 가장 논쟁적이라는 사실이 입증된 것도 독일과의 강화조약에서였다. 생긴 지 반세기가 되지 않은 독일은 열강 중에서 가장 역사가 짧은 신생국가였지만 분단되지 않았다. 독일에 사는 사람들은 스스로를 프로이센, 뷔르템베르크, 작센, 바이에른의 주민이라기보다 독일인으로 여겼다. 한편으로는 빼앗은 지 150년이 안 된 영토를 원래 주인, 즉 프랑스, 덴마크, 폴란드에 되돌려줄 예정이었다. 하지만 독일이 확실히 차지하고 있던 상당 부분의 영토는 승전국에 조금도 내주지 않았다. 평화중재자의 이런 결정은 나중에 심각한 의문을 제기했다.

영토를 덴마크 및 폴란드에 되돌려주는 것과 관련하여 새 국경이 어디로 설정되어야 하는지 의문이 제기된 곳에서 국민투표가 실시될 예정이었고, 1차대전 후 15년간 독일로부터 분리된 자르(독일 서부 주)에서도 투표가 실시되었다. 폴란드로부터 빼앗은 땅을 되돌려주는 문제는 독일에서 가장 격렬한 반대에 부딪쳤다. 1772년, 1793년, 1795년 세 차례 폴란드가 분할되는 과정에서, 브란덴부르크-프로이센의 통치자들은 러시아를 중부 유럽에 더 가까이 끌어들이며 폴란드의 넓은 지역을 장악했고, 브란덴부르크와 프로이센을 잇는 동서 회랑을 만들었다. 폴란드로부터 빼앗은 땅의 대부분, 즉 남북으로 이어진 회랑을 1772년 이전과 같은 상태로 되돌려주는 것은 폴란드가 독일보다 훨씬 이전에 국가로 존재했음에도 불구하고 많은 독일인은 모욕으로 받아들였다. 이런 분노의 일면은 뒤이은 수십 년과 마찬가지로 당시에도 대단히 중요했다. 아주 많은 독일인이 폴란드인을 비롯한 동유럽의 슬라브인을 인종적으로나 문화적으로 자신들보다 열등하다고 여겼다. 자신들을 독일인인지 폴란드인인지 투표로 물어본다는 발상은 전혀 다른 부류의 인간이라고 자처한 독일인들에게는 모욕으로 받아들여졌다. 파리강화회의에서 독일 대표단이 상부 실레지아를 애초에 의도했던 대로 폴란드에 넘겨주는 대신에 국민투표를 실시하자고 설득했을 때, 그것은 해당 지역이 분리될지도 모른다는 의미였고 결과적으로 그렇게 되었다. 이런 국민투표는 다수 독일인들에게 자국 협상팀의 큰 성공으로 비치기보다는 또다른 모욕으로 여겨졌다. 프로이센, 바이에른, 올덴부르크를 포함해 독일의 다수 주가 이웃하지 않았었고 1945년까지도 계속 그런 상태가 유지된다는 사실은 늘 간과되었다.

또다른 매우 중요한 측면은 독일 서부 국경을 둘러싼 논쟁과 강화회의가 이 문제를 다루는 방식이었다. 독일은 1870년, 1914년 두 차례 프랑스를 침공한 적이 있었다. 이 때문에 프랑스는 독일의 재도발 가능성을 우려했다. 그것은 마치 1815년 유럽의 다수 국가가 프랑스의 도발을 우려했던 것과 같았다. 라인란트를 독일에서 떼어내 별도의 주로 만드는 방안이 진지하게 검토되었다. 하지만 이 방안으로 프랑스를 독일의 침공으로부터 보호할 수 있을지라도 그것은 민족자결주의 원칙을 심각하게 위반해야 실행 가능했다. 영국과 미국 대표단의 주장에 따라 라인란트는 프랑스와 벨기에의 보호를 꾀한다는 합의하에 독일령으로 남게 된다. 즉 라인 강 서쪽 땅과 라인 강 동쪽 50킬로미터 지역은 비무장지대로 유지된다. 게다가 독일이 다시 침공할 경우 영국과 미국은 프랑스에 대한 지원을 보장하는 조약을 프랑스와 맺었다. 이런 협정은 민족자결주의 원칙을 준수하면서도 프랑스에 안전보장을 제공하는 것으로 여겨졌다. 독일은 프랑스를 공격할 생각을 단념하게 되는데, 그것은 프랑스 공격시 영국 및 미국과도 자동적으로 전쟁 상태가 되기 때문이었다. 독일은 또한 폴란드와 오스트리아-헝가리 제국에서 파생된 작은 나라들도 존중해야 했다. 비무장지대에 의해 서쪽 침공 문이 열린 상태로 고정될 터이기 때문이었다. 그러나 영국측이 단독으로 보증국이 되는 것을 거절한 뒤 미국 상원에서도 보장 조약의 비준을 거부한 것은 1930년대 평화 구조의 붕괴에 원인을 제공했다. 미국이 스스로 구축에 도움을 준 협정 체계에서 손을 빼면서, 협정 내용을 강제할 책임은 전쟁으로 가장 힘이 빠진 나라들에게 돌아갔고, 이런 사실은 패전국의 재기를 부추겼다.

독일과 맺은 조약에는 독일인들이 엄청나게 분개한 나머지 약화시키거나 무시할 방법을 찾았던 또다른 2개 조항이 있었다. 그것은 군사력 제한과 배상금에 관한 조항이었다. 독일군은 1차대전시 전선에서 멀리 떨어진 도시를 폭격하는 전술을 도입했는데, 이런 방법을 탐탁지 않게 여긴 연합국은 독일이 공군력을 갖지 못하게 했다. 독일은 2차대전에서 도시 폭격을 고집하는 경우 상대 국가도 같은 방법으로 화답한다는 사실을 알게 된다. 하지만 1918년 이후 독일은 이런 제한을 회피하기 위해 동맹국인 소련이 제공한 시설을 이용했다. 장갑차량 개발이 금지되었을 때도 같은 식으로 했고, 또 잠수함 운용 금지 조항을 회피하려고 다른 장소를 사용하기도 했다. 병력 규모를 10만 명으로 제한한 조항에 대해서는 예컨대 무장경찰을 훈련시키는 방식으로 회피했다. 독일 의회는 조약을 법률로 제정했지만 독일군 수뇌부 지휘관들은 공화국 헌법과 법률의 준수를 맹세했음에도 가능한 한 자주 그런 맹세를 깨트리는 데 오히려 큰 자부심을 느꼈다.

그보다 앞선 전쟁이 끝난 뒤 종종 승전국은 패전국에 보상금(indemnity)을 부과했다. 가까운 사례로 1871년 프로이센-프랑스 전쟁 뒤 신생국가인 독일이 프랑스에 보상금을 부과한 적이 있었다. 하지만 강화조약 작성자들은 이것을 다르게 표현했다. 1차대전 당시 대부분의 전투와 그에 따른 파괴는 독일 바깥에서 벌어졌다. 따라서 배상금(reparation)이라는 용어를 사용했고, 뒤이은 협상과 논의에서 패배에 따른 벌금을 내는 대신에 독일은 자국이 입힌 피해에 대한 복구비를 지불하게 되었다. 여기서 배상금에 관한 길고 복잡한 이야기를 다룰 수는 없지만, 그에 따른 주요 결과는 언급해야 한다. 이후 독일과 승전국 내부에서 벌어진 일에 영향을 끼쳤기 때문이다. 독일 정부는 배상금을 지불하지 않기 위해 1923년 고의적으로 인플레이션을 통해 화폐 가치를 훼손했고, 1931~32년에는 급격한 디플레이션에 의지했다. 그에 따라 독일은 극히 적은 배상금을 지불했다. 승전국은 복구비를 자체적으로 마련해야 했고, 국력을 더 약화시키는 결과를 가져왔다. 독일 내부에서는 정부에 대한 엄청난 불만과 국가사회주의자가 지지하는 다른 형태의 정권을 적극적으로 지지하는 상황이 벌어졌다.

제1차세계대전 이후 독일과 히틀러의 부상

전쟁에 패배할 것이라고는 전혀 예상하지 못했던 독일인들은 혼란에 빠졌다. 다양한 단체와 개인이 나서서 어떤 일이 벌어졌는지 설명하고 다른 미래를 제시했다. 다수 군인과 일부 정치 지도자들은 독일이 전선에서 진 것이 아니라 사회주의자나 공산주의자, 유대인을 비롯한 이른바 체제전복 세력들에 의해 등뒤에서 칼을 맞았다고 주장했다. 자신들이 초래한 패배의 수혜자였던 이들이 나라를 지배하고 있다. 새로운 시스템에는 다수 정당으로 인한 국론 분열도 설 땅이 없다. 앞으로 벌어질 전쟁에서는 유일 정당의 단일한 지도자가 이끄는 국가가 승리를 보장할 것이다. 이런 메시지로 차츰 지지를 받은 정당이 바로 아돌프 히틀러가 이끈 국가사회주의당이었다. 선출 대통령인 파울 폰 힌덴부르크의 측근들은 히틀러가 이런 변화를 통제할 수 있다는 잘못된 믿음과, 앞으로 벌어질 전쟁에서 다른 결과를 가져올 수 있다는 기대로 1933년 1월 말 히틀러를 수상에 앉히자고 대통령을 설득했다.

히틀러는 글과 연설을 통해 등뒤에 칼을 맞았다는 신화를 주장하고, 유일 정당만 허용하는 소련과 이탈리아의 파시스트 체제를 높이 평가했다. 또한 독일이 미래로 가는 길은 베르사유 조약으로 잃은 자투리땅을 되찾는 것, 자신이 '그렌츠폴리티커(Grenzpolitiker)' 즉 '국경정치인'이라고 부른 이들이 옹호하는 어리석은 생각이 아니라, 자신과 같은 '라움폴리티커(Raumpolitiker)' 즉 '공간정치인'이 요구한 것처럼 거대한 '레벤스라움(Lebensraum)' 즉 '생활공간'을 확보하는 전쟁에 달렸다고 주장했다. 1933년 몇 개월 동안 히틀러는 일당 독재를 강화하는 동시에 은밀하게 재무장에 박차를 가했다. 수상에 오르고 며칠 뒤에는 군 지휘관들에게 이런 조치가 동유럽의 광대한 생활공간을 정복하고 독일화하기 위한 것이라고 설명했다.

히틀러는 기존에 은밀하게 진행한 재무장에 박차를 가하는 것만으로도 자신이 계획한 체코슬로바키아와의 첫 전쟁을 치르기에 충분하다고 판단했다. 이를 통해 중부 유럽에서 독일의 지위를 강화하고 독일이 육성할 수 있는 육군 사단 전력을 강화할 속셈이었다. 향후 전쟁에서는 새로운 무기, 특히 단발 엔진 및 쌍발 엔진 급강하 폭격기, 대형 전차, 대형 전함이 필요했다. 다음 전쟁의 상대는 지난 전쟁에서 독일에 막대한 고난을 안긴 프랑스와 영국 같은 나라가 될 터였다. 히틀러는 서방 열강을 상대로 한 승리를 필요조건으로 보면서도 뒤이은 소련 침공 계획에는 신형 무기가 필요 없다고 판단했다. 히틀러가 보기에 열등한 슬라브인의 나라를 상대하는 것은 어려운 일이 아니었다. 볼셰비키 혁명으로 주로 게르만계 지배 엘리트가 제거되고 이제 더 무능한 자들이 소련을 이끄는 상황도 뜻밖의 행운이라고 여겼다. 열등한 소련을 굴복시킴으로써 뒤이은 미국과의 전쟁에 필요한 원자재, 특히 석유를 확보할 수 있을 터였다. 비록 미국은 인종적으로 열등하기는 마찬가지지만 멀리 떨어져 있고 해군력이 상당한 나라였다. 1937년 히틀러는 프랑스 및 영국과 싸우는 데 필요한 무기를 설계하고 생산하자마자 미국과의 전쟁에 필요한 전략폭격기와 대형 전함 생산 계획을 세우라고 명령했다. 히틀러가 제대로 내다보았듯이 그런 무기를 설계해서 생산하는 데에는 수년이 걸리기 때문이었다.

히틀러에 대한 각국의 반응

독일을 제외한 국가들은 이른바 '대전쟁(the Great War)'을 경험한 뒤 세계 대부분의 나라가 관여할 가능성이 있는 새로운 전쟁을 다른 어떤 나라가 진지하게 일으킬 것이라고는 전혀 예상하지 못했다. 1920년대와 1930년대 초에는 군사력을 제한하기 위한 각종 노력이 이루어졌다. 비록 큰 효과는 없었지만, 이런 활동은 대부분의 강대국들이 필요하다고 여긴 것을 보여주었다. 그리고 1933년 독일의 국제연맹 공식 탈퇴는 또다른 전쟁 결심의 징후로 받아들여지지 않았다. 이와 유사하게 일본의 해군군축조약 탈퇴에 대해 미국은 자국 해군의 일부 소규모 재무장으로만 응수했고, 영국은 미국보다 더 작은 규모의 해군 재무장으로 대응했다. 1931년 일본의 만주 점령과 1937년 중일전쟁은 국제적인 반감을 사기는 했어도 군사적으로 대응하는 나라는 없었다. 1937년 가을과 겨울에 중국과 일본의 분쟁을 적극적으로 조정하려 한 나라는 바로 독일이었다. 독일은 양국과 두루 관계가 좋았기 때문이다. 일본 정부가 중국 국민당 정부와의 타협을 거부했을 때 히틀러는 일본의 손을 들어주기로 했다. 히틀러는 또 이탈리아와 손잡자고 오랫동안 주장했다. 독재자 베니토 무솔리니를 존경했고, 독일이 제1차세계대전 당시의 동맹 관계를 버림으로써 제국을 확장할 수 있었기 때문이다. 일본도 마찬가지였다. 일본 역시 독일의 적절한 동맹 후보국이었다(1차대전 당시 이탈리아와 일본은 독일의 적국으로 협상국에 속했다—옮긴이).

1930년대에 독일이 좀더 노골적으로 재무장하는 동안, 미국 의회는 이른바 '중립법'을 제정했다. 이 법은 1914년에 제정되었다면 미국의 1차대전 참전을 막았을 수도 있지만, 당시에는 프랑스와 영국의 전의를 꺾은 반면 독일의 전의를 부추김으로써 또다른 전쟁이 벌어질 가능성을 높였다. 프랑스나 영국 어느 정부도 독일의 베르사유 조약 위반을 막기 위한 전쟁에 나설 마음이 없었다. 제1차세계대전에서 막대한 사상자가 발생한 뒤 두 국가의 국민들은 새로운 분쟁에 나서기를 두

려워하고 주저했다. 영국은 매우 광범위하게 군비를 축소했다. 프랑스는 독일의 또다른 침공 의지를 꺾거나 침공을 저지하리라는 기대로 대규모 방어선 구축에 나섰다. 양국 국민과 지도자들은 "지나치게 가혹한" 1919년 강화조약에 대한 독일인의 끝없는 불만에도 영향을 받았다. 1943년 5월 튀니지에서 포로가 된 독일군 장군 한 명은 1944년 2월에 포로가 된 다른 장군들에게 독일이 한 번 더 베르사유 조약을 얻어낼 수 있다면 기뻐서 팔짝 뛸 것이라고 발언하기도 했다. 그런 인식은 조약 내용을 철저하게 무시하도록 승전국 다수를 설득하는 데 성공한 독일인들에게는 너무 늦은 것이었다.

독일과 이탈리아 및 일본의 관계가 더 돈독해지자, 영국은 독일을 상대하기가 더 껄끄러워졌다. 영(英)제국과 전세계 영연방에 대한 위협은 지중해와 동아시아뿐 아니라 유럽에서도 경각심을 갖게 했다. 쓰라린 내부 분열은 프랑스의 입장을 더 약화시켰다. 독일령 라인란트를 떠나는 대가로 약속받은 미국과 영국의 지원은 없었다. 1936년 3월 독일이 라인란트 재무장으로 조약의 다른 부분을 어겼을 때에도 프랑스 정부는 군사적 행동에 나서지 않기로 했다. 프랑스가 동유럽의 여러 신생국가와 맺은 조약은 1914년 이전에 맺은 러불동맹을 대체하는 데 효과적이지 않아 보였다. 1935년 소련과 맺은 조약도 스탈린이 대규모 숙청으로 군을 무력화하자 도움이 되지 않는 듯 보였고, 독일과 소련 사이에는 맞닿은 국경이 없었다.

1938년 3월 히틀러가 독일군에 오스트리아 공격을 명령했을 때, 당시의 사진이나 보도에서 볼 수 있듯이 기쁘게 져줄 생각이 있는 국민의 독립을 위해 기꺼이 싸움에 나설 나라는 없었다. 오스트리아인이 결국 자신들은 독일인이 아니라는 사실을 깨닫는 데는 7년이 걸렸다. 오스트리아 병합은 여러 중요하고도 즉각적인 효과를 낳았다. 독일 내에서는 히틀러에 대한 지지가 급등했다. 상당한 경제적 실리뿐 아니라 이탈리아, 헝가리, 체코슬로바키아와 맞닿은 새로운 국경도 얻게 되었다. 그리고 독일은 체코슬로바키아에 대한 위협을 대폭 증대시켰다.

체코슬로바키아에 드리운 전운

히틀러는 1938년 가을 체코슬로바키아를 침공하고 가능하면 동쪽 끝 지방은 헝가리에, 일부 지역은 폴란드에 넘기고 나머지 거의 전지역을 차지하려 했다. 히틀러가 계획한 첫 전쟁인 체코슬로바키아 침공은 지리적으로나 선전 측면에서나 분리해서 진행될 예정이었다. 유럽 지도를 보면 지리적 측면은 분명했다. 루마니아와의 짧은 국경을 제외하면, 체코슬로바키아와 국경을 맞댄 나라들은 모두 체코슬로바키아의 영토를 노리는 적국이었다. 선전 측면은 체코슬로바키아 내에 독일인 약 300만 명이 주로 서부 국경 지역인 보헤미아에 살고 있다는 사실이었다. 이런 소수민족의 꾸며낸 고통이 충분히 주의를 끈다면, 그리고 해당 지역 주민들이 충분한 폭력 사태를 유발하도록 부추긴다면, 독일의 체코슬로바키아 침공은 다른 나라의 간섭을 받지 않아도 될 정당한 응징으로 인식될 수 있었다. 결국 국경은 다양한 주민들의 선호에 따라 그어졌다. 히틀러가 보기에, 그 과정에서 체코슬로바키아가 사라지는 일이 벌어지는 것을 누군가가 막기에는 너무 늦었다.

독일의 선전 활동은, 결국에는 예기치 못한 결과를 낳지만, 매우 효과적이었다. 히틀러가 독일계 소수민족에게 요구 사항을 계속 늘리라고 말하는 사이에 영국 정부는 체코슬로바키아 지도자들에게 폭넓은 양보를 할 것을 요구했다. 1938년 7월 프랑스 정부는 체코슬로바키아 정부에 독일 소수민족 문제를 두고 싸울 수도 없고 싸우지도 않을 것이라고 비밀리에 말했다. 캐나다 자치령, 남아프리카연방, 호주도 영국에 비슷한 사전 통보를 했다. 영국 수상 네빌 체임벌린은 그때까지도 체코슬로바키아 정부의 양보로 전쟁을 막을 수 있을 것이라고 기대했다. 윈스턴 처칠은 체임벌린의 태도를 공개적으로 비판했지만, 체코슬로바키아 당국에는 자신이 영국 수상이었더라도 같은 정책을 펼쳤을 것이라고 은밀하게 말했다.

독일의 체코슬로바키아 침공이 임박한 것처럼 보일 때, 체임벌린 수상은 독일로 날아가려 했다. 히틀러는 싸울 생각이 확고했지만 체임벌린의 방문을 거부할 수 없었다. 히틀러는 별 기대를 하지 않고 체코슬로바키아가 독일계 소수민족이 사는 국경지역과 방어요새를 양보할 것을 요구했다(체코 정부는 1935~38년 주변국의 기습 공격에 대비해 국경지역에 요새를 구축했다—옮긴이). 체임벌린은 체코슬로바키아 정부의 동의를 받아, 히틀러와의 두번째 만남에서 히틀러의 요구를 수용하겠다는 의사를 밝혔다. 이때 히틀러가 평화적인 사태 해결을 피하기 위해 추가 요구를 하자, 영국과 프랑스 정부는 독일이 전쟁의 구실을 찾고 있다는 사실을 인식하고 병력 동원에 나섰고, 독일이 공격해올 경우 맞서 싸울 것임을 천명했다. 이런 맥락에서, 그리고 독일 국민이 여전히 평화를 선호한다는 사실을 알고 있던 히틀러는 무솔리니의 의견을 받아들였다. 이탈리아는 큰 전쟁을 벌일 상황이 아니었다. 이탈리아는 아비시니아(에티오피아의 옛 이름) 점령 전쟁을 벌인 뒤였고, 여전히 내전중인 스페인 프란시스코 프랑코의 국민당 군대를 지원하는 일에 관여하고 있었다. 히틀러는 체코슬로바키아 침공을 취소하고 뮌헨에서 세번째 회담을 열기로 합의했는데, 이 회담에서 속셈을 감춘 채 표면적인 목표를 달성했다.

독일, 제2차세계대전을 시작하다

뮌헨 회담은 대개 독일의 공세적 태도에 대한 굴복으로 여겨졌다. 이 회담에 따라 주로 독일계 주민이 사는 보헤미아 국경지대가 독일에 넘어갔다. 전면전을 피했다는 점에서 전세계가 안도의 한숨을 쉬었지만, 이를 자기 경력 최대의 실수라고 본 히틀러는 아주 불쾌하게 여겼다. 옳든 그르든 히틀러는 독일이 이때 전쟁을 하는 편이 나았다고 생각했다. 결국 히틀러는 이듬해 1939년에 전쟁을 벌이기로 했다. 1938년 체임벌린에게 속아넘어갔다고 생각한 그는 이번에는 그런 일이 없도록 할 심산이었다. 체코슬로바키아의 나머지 영토는 독일이 만들 첫번째 기회에 점령할 예정이었다. 독일인들 사이에 전쟁 열기가 고조되는 한편, 소련 침공의 전제조건으로 본 서방 열강을 상대로 하는 전쟁이 뒤를 이을 터였다. 서유럽에 군사력을 집중해도 안전하도록 동쪽에 인접한 나라를 독일에 복속시켜야 했다. 1938년에서 1939년 사이의 겨울에 독일은 헝가리와 리투아니아를 복속시켰지만 폴란드는 예외였다.

한숨 돌린 폴란드의 지도자들은 진지한 협상을 통해 독일에 양보할 용의가 있었다. 독일 본토와 동프로이센 간의 이동을 수월하게 하고 단치히 자유도시를 독일에 넘겨주는 방식으로 영토를 분할해줄 의향이 있었다. 하지만 국가 전체를 독일에 넘길 생각을 없었다. 폴란드는 독일과 소련이라는 두 적대국 사이에 낀 취약한 처지를 인식하면서도 독립을 포기할 바에는 싸우기로 마음먹었다. 이런 폴란드의 입장은 프랑스와 영국의 바뀐 정책과도 들어맞았다.

체코슬로바키아 국경지역 합병은 독일의 마지막 요구여야 했다. 여기에 대한 독일의 명백한 불만은 프랑스와 영국이 상황을 새롭게 인식하게 했다. 그해 겨울 독일이 저지대 국가(벨기에, 네덜란드, 룩셈부르크—옮긴이), 루마니아, 폴란드를 공격할 가능성이 있다는 소문이 돌자, 프랑스와 영국 정부는 독일이 서유럽이든 동유럽이든 항전 의지가 있는 국가를 공격할 경우 해당 국가를 지원하기로 했다. 독일이 1939년 3월 체코슬로바키아의 중심지를 점령하자 영국과 프랑스의 이런 생각도 더 굳어졌다. 이런 상황은 독일 정부가 눈독들인 것이 체코슬로바키아 내 독일계 소수민족이 결코 아니라는 사실을 보여주었다. 독일의 체코슬로바키아 병합은 어떤 국가가 독일의 다음 공격에 맞서 자국을 방어할 경우 두 서방 열강이 싸울 의지를 더욱 다지게 했다. 영국은 이런 결의를 한 뒤 역사상 처음으로 평시 징병조치를 도입했다. 영국의 결의는 2차대전 뒤 연합국이 독일계 소수민족을 독일로 강제 이주시키는 데 합의하는 것을 의미했다. 나치 독일은 '하임 인스 라이히(Heim ins Reich)' 즉 '제국으로 돌아가자'라는 구호를 외쳤고, 결국 기대하지 않은 방식으로 원하는 바를 이루게 된다.

폴란드 점령을 프랑스와 영국을 공격하기 위한 필수적 전제조건으로 본 히틀러는 먼저 폴란드만을 상대로 싸우고자 했지만, 세 국가와 한꺼번에 싸울 태세도 갖췄다. 히틀러는 폴란드 침공 일정을 가을로 잡았기 때문에 서방 국가의 본격적인 반격은 겨울을 넘기고 나서야 가능할 것이라고 예상했다. 게다가 이탈리아와의 공개적인 동맹이나 일본과의 협상이야말로 영국과 프랑스의 개입 의지를 꺾는 길이라고 보았다. 하지만 만주괴뢰국과, 소련과 원조 조약을 맺은 몽골 간의 국경에서 소련군과 벌인 싸움, 즉 노몬한 사건('노몬한'은 일본식 명칭으로 '할힌골 전투'라고도 한다—옮긴이) 때문에 일본은 당시 다른 일에 신경쓸 상황이 아니었다. 독일 입장에서 일본과의 협상을 대신할 명백한 대상은 소련이었다. 소련은 폴란드에서 대규모 영토를 확보하려 했고, 또 독일이 서방 열강과 전쟁을 벌일 때 봉쇄를 우회하도록 지원할 수도 있었다.

히틀러가 집권하기 전 독일과 소련의 관계는 좋았고, 이후에도 스탈린이 양국의 관계 복원을 위해 거듭 노력했지만, 1938년에서 1939년 사이의 겨울까지 히틀러는 호응해주지 않았다. 소련이 오스트리아나 체코슬로바키아와 국경을 맞대고 있지 않았기 때문이다. 하지만 이제 상황이 달라졌다. 히틀러가 슬라브인은 인종적으로 열등하므로 적절한 시점에 쉽게 손봐줄 수 있다고 여긴 것과 마찬가지로, 파시즘을 자본주의의 무대라고 본 스탈린은 자본주의 국가가 서로 싸우는 것이 소련에 이익이 되고, 나치의 농지확장주의 정책은 시장과 이윤을 추구하는 금전적 이해관계에 종속된 정권의 진짜 목표를 위한 구실일 뿐이라고 보았다. 스탈린은 독일이 서유럽을 장악하고 나면 총구를 소련과 미국 쪽으로 틀 것이라는 프랭클린 루스벨트 미국 대통령의 경고를 무시했다. 그러고는 독일과의 비밀 협상을 앞당기기 위해, 공개적으로 천명한 영국 및 프랑스와의 동맹 협상을 활용했다. 히틀러는 일단 영국과 프랑스를 무너트리면 소련에 양보한 모든 것과 그 이상을 빼앗을 수 있다고 내다보았기 때문에 스탈린이 무슨 요구를 하든 들어줄 생각이었다. 1939년 8월 독일 외무장관 요아힘 폰 리벤트로프는 불가침 조약과 동유럽 분할에 관한 비밀 보충 협약에 서명하기 위해 모스크바를 방문했다. 이때 그는 스탈린이 요구하는 것 이상으로 들어주도록 허락받았다. 그에 앞선 8월 23일 양국이 모스크바에서 경제 협정을 맺음으로써 독일은 폴란드 공격을 위한 파트너뿐 아니라 어떠한 봉쇄도 무너뜨릴 수단을 보장받았다.

모스크바에서 합의가 이루어진 사실을 확인한 히틀러는 폴란드 침공 명령을 내렸다. 폴란드가 공격받으면 영국도 개입한다는 체임벌린의 경고를 받았기 때문에 영국이 손을 떼도록 하는 활동을 하느라 침공을 며칠 미뤘지만 결국에는 공격 명령을 내린 것이었다. 1938년에는 평화협상에 말려들었다고 생각한 히틀러가 이번에는 절대 그런 일이 벌어지지 않게 했다. 체코슬로바키아 침공 때와 같은 세부적인 협상도 폴란드와는 하지 않았다. 독일 국내 전선의 지지를 확실히 다지기 위해 폴란드에 대한 온건한 최종 요구를 천명했지만, 이마저도 뒤늦게 공표할 수 있을 때까지 비밀에 부쳤다. 폴란드, 영국, 프랑스 주재 독일 대사들은 마지막 결정적인 날까지도 자리를 지켰다. 군 수뇌부에 말했듯이, 마지막 순간에 어떤 '돼지새끼(Saukerl)'가 타협을 제안하는 것을 우려했던 히틀러의 명령 때문이었다.

히틀러의 걱정은 불필요한 것이었다. 폴란드와 공식적으로 동맹을 맺은 지 얼마 안 된 영국 정부는 침공 부대를 철수시키라는 최후통첩을 독일에 전달했고, 예상대로 아무런 조치를 취하지 않자 전쟁을 선포했다. 몇 시간 뒤 프랑스도 영국과 비슷한 절차를 따랐다. 캐나다, 호주, 뉴질랜드도 독일에 전쟁을 선포했고, 짧은 휴지기가 지난 뒤 남아프리카연방도 뒤를 이었다. 인도 식민지 정부도 전쟁을 선포했지만 아일랜드는 중립을 선언했다. 프랑스 식민 제국은 자동적으로 참전했고, 무솔리니는 아직 독일 편에 설 준비가 되지 않았지만, 새로운 세계대전이 진행중인 것은 분명했다.

제 2 장

제2차세계대전이 시작되다

폴란드 침공

히틀러는 폴란드를 서방 열강과 떼어놓을 수 없다는 것을 깨닫자마자 일정상 협상일이 하루 더 남았음에도 개전 명령을 내렸다. 공식적인 선전포고는 없었다. 1939년 9월 1일 이른 아침, 독일 폭격기가 폴란드 비엘룬에 공습을 퍼부었다. 병원 건물이 쑥대밭이 되고 기관총 공격으로 지역 주민 약 1200명이 죽었다. 루스벨트 미국 대통령은 바르샤바 소재 미국대사관 일대에 대한 폭탄 투하로 민간인이 공격받는 상황은 피해달라고 요청했다. 독일은 다른 폴란드 도시에 대한 비슷한 공격으로 회답했다.

독일의 폴란드 침공 전 몇 해 동안 제1차세계대전의 책임을 둘러싼 논쟁이 벌어졌었다. 당시 어느 나라가 먼저 동원령을 내렸는지가 큰 관심사였고, 이 때문에 폴란드 정부는 동원을 자제했었다. 폴란드군은 독일군이 어디를 공격하더라도 막을 수 있도록 넓은 영토에 병력을 지나치게 분산시켰다. 전술 공군의 지원을 받는 독일군 기갑부대가 여러 지점을 신속하게 돌파했고, 보병은 전차와 동시에 또는 바로 뒤에서 진격했다. 몇몇 지점에서 폴란드군은 독일군의 진격을 충분히 지연시킬 정도로 잘 싸웠지만, 독일군이 폴란드 수비대를 우회하면서 그런 상황은 그리 오래가지 못했다.

독일의 폴란드 침공은 여러 측면에서 주목해야 한다. 독일 공군의 지원을 받는 대규모 기갑부대가 동원된 작전은 적진을 신속하게 돌파해 진격하는 데 도움이 되었지만, 폴란드 특유의 지형과 열악한 도로 및 비행장 탓에 군용 장비의 피해도 상당했는데, 이것은 독일군 수뇌부가 폴란드 침공을 준비할 때 고려하지 못한 점이었다. 독일군은 야포 운반을 비롯해 부상자 운송까지 각종 수송을 말에 크게 의존했지만, 현실과 크게 동떨어진 독일 육군의 기계화를 강조하는 선전 영화 때문에 이런 상황은 잘 알려지지 않았다. 공격 전 독일군에는 폴란드의 성직자와 권력 집단 대부분을 죽이라는 명령이 떨어졌다. 최종적으로는 전체 폴란드 인구를 독일인 이주자로 대체할 예정이어서, 저항 세력을 조직할 가능성이 있는 사람들을 가능하면 빨리 제거해야 했다. 독일군이 대량 학살로 이어지는

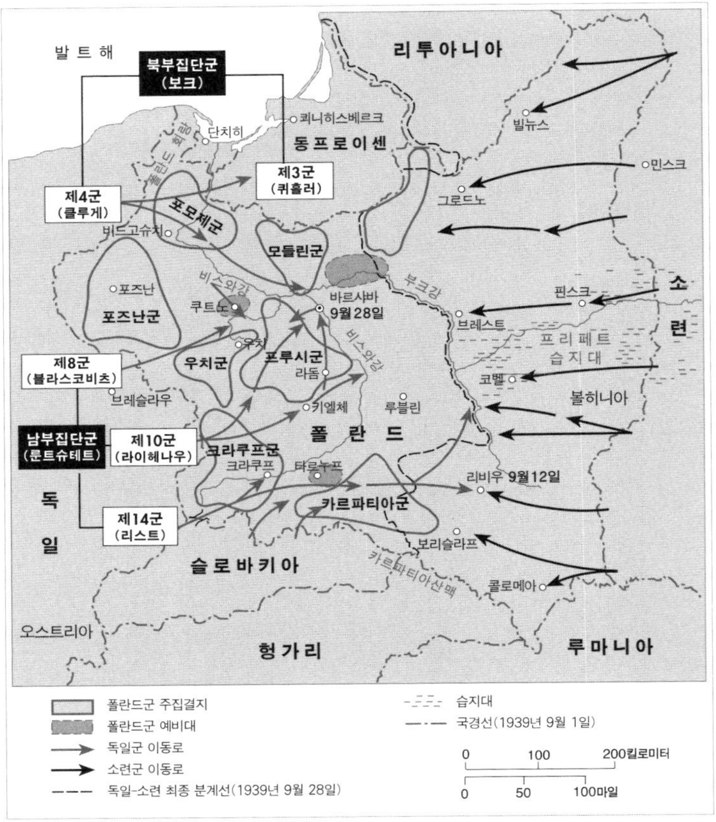
발트해
북부집단군
(보크)
리투아니아
쾨니히스베르크
단치히
동프로이센
빌뉴스
제3군
(퀴흘러)
민스크
제4군
(클루게)
그로드노
포모제군
비드고슈치
모들린군
포즈난
포즈난군
비스와강
쿠트노
바르샤바
9월28일
부크강
핀스크
브레스트
프리페트
습지대
소
련
우치
우치군
프루시군
라돔
제8군
(블라스코비츠)
브레슬라우
코벨
볼히니아
키엘체
루블린
남부집단군
(룬트슈테트)
제10군
(라이헤나우)
폴란드
크라쿠프군
크라쿠프
타르누프
리비우 9월12일
독
일
제14군
(리스트)
카르파티아군
보리슬라프
슬로바키아
카르파티아산맥
콜로메아
오스트리아
헝가리
루마니아
폴란드군 주집결지
폴란드군 예비대
독일군 이동로
소련군 이동로
독일-소련 최종 분계선(1939년 9월 28일)
습지대
국경선(1939년 9월 1일)
0
100
200킬로미터
0
50
100마일

1. 폴란드 전역

일제 검거 작전을 시작하면서 어마어마한 수의 폴란드 국민과 상당수 유대인이 살해당했다. 폴란드 전역(campaign: 전략적·작전적 목표를 달성하기 위해 실시하는 일련의 연관된 주요 작전—옮긴이)에서는 이런 행위에 대한 눈에 띄는 예외와 진지한 거부 움직임이 있었다. 독일 수뇌부는 이런 거부 움직임에 주목해서 뒤이어 새롭고 추가적인 접근 방법을 만들어냈다.

개전 첫날부터 독일 정부는 소련에 폴란드 동부 침공을 요구했다. 소련은 처음에 망설였다. 정치적인 이유가 있었고 다른 한편으로 노몬한에서 일본과 계속 싸우고 있었기 때문이다. 이 싸움에서 이긴 소련은 일본과 휴전협정을 맺자마자 폴란드 동부, 그것도 겨울 동안 폴란드가 버티고자 했던 바로 그 지점에 뛰어들었다. 독일군의 공격과 함께 진행된 소련의 군사행동은 독립국가 폴란드의 운명을 결정지었지만, 전쟁에서 폴란드의 역할을 완전히 제거하지는 않았다. 독일군과 소련군은 격식을 갖추고 비밀협정에 명시한 국경으로 이동했다. 소련군은 풀려난 독일군 전쟁포로를 독일측에 넘겼다. 1945년 영국군과 미군 전쟁포로를 넘겨줄 때보다 훨씬 신속하고 조심스러운 조치였다. 몇몇 폴란드 정보 전문가들은 서방으로 도망가서 전쟁 직전에 독일의 에니그마 암호 장비 해독에 관한 주요 정보를 영국과 프랑스에 제공했다. 연합국측에 폴란드의 의견을 반영하기 위해, 영국과 미국을 비롯한 다수 국가는 영국으로 망명한 폴란드 정부를 공식적으로 인정했다.

소규모 영국 원정군이 프랑스 동원 부대에 합류해서 국경 요새로 이동했다. 하지만 그곳에서 폴란드에 대한 독일군의 압박을 덜어줄 의미 있는 공격 활동은 이루어지지 못했다. 개시된 소규모 공군 활동은 군사목표에 대한 공격으로 엄격하게 제한되었고 도심지에는 전단지 살포만 했다. 그러나 1940년 독일 공군이 서방 국가의 도시에 대한 끔찍한 공격 계획을 실행하면서 이런 상황은 바뀌었다.

독일은 공식적으로 단치히 자유도시와 폴란드 영토의 상당 부분을 합병했다. 다수 폴란드인과 대부분의 주민, 다수 유대인을 현지에서 추방함으로써 그 지역을 독일화할 예정이었다. 패망 전 폴란드의 중심 지역으로 내몰린 폴란드인들은 이제 '총독부(The General Government)'라는 새로운 행정기구에 편입되었다. 총독부 관할 지역은 고향에서 쫓겨난 사람들을 무더기로 모아두는 곳이 되면서 가혹한 지배 아래 놓이게 되었다. 소련과의 협정에 따라 발트 3국(에스토니아, 라트비아, 리투아니아)과 나중에 소련에 의해 합병된 루마니아 일부 지역에서 독일 문화를 배경으로 하는 사람들은 독일이 장악한 폴란드 내부 수용소로 보내졌다. 이들은 대개 폴란드인이 쫓겨난 곳에 정착했고, 일부는 수년간 수용소에서 비참한 삶을 살았다. 주목할 점은 이 사례와 1차대전 뒤 오스트리아 남티롤에 거주하는 독일계 주민 다수가 이탈리아로 넘어간 사례에서, 1919년 연합국이 제시한 원칙에 대한 독일식 대안을 알 수 있다. 주민의 국적에 따라 국경을 조정하려고 노력한 것이 아니라 승전국의 의지에 따라 국경이 그어졌고, 주민들은 새 국경에 적응해야 했다. 대전 말기에 연합국도 이런 절차를 독일에 적용했지만 독일이 자신들이 점령한 동유럽 일부 지역에 적용한 정책을 실행하지는 않았다. 독일의 '호이악티온(Heuaktion)'이라는 작전에는 '게르만계'로 보이는 유아와 어린이 수천 명을 납치해서 독일 가정에 입양시키는 조치가 포함되었다.

바다에서의 싸움

1939년 9월 독일군과 연합군 사이에 지상전이 시작되고 1945년 5월 독일이 무릎 꿇을 때까지 수중과 수상에서도 싸움이 계속되었다. 독일의 전함과 보조전함(상선개조함)은 몇몇 경우에 전쟁 시작 전부터 활동하기 시작해서 이제는 연합국 상선을 공격하기 시작했다. 뒤이은 전쟁 기간에는 다른 전함도 추가로 투입되었다. 이런 과정에서 벌어진 극적인 사건 중 하나는 1939년 12월 아르헨티나와 우루과이 연안에서 독일 포켓전함 그라프슈페와 영국 순양함 3척 사이에 벌어진 해전이었다. 당시 영국 순양함은 피해를 입었고 그라프슈페는 결국 자침했다. 독일 잠수함은 상당한 규모로 연합국 배를 가라앉히기 시작했다. 그 장대한 시작은 1939년 9월 3일 여객선 아테니아의 격침이었다. 영국은 호송 체계 구축에 이전 전쟁 때보다 더 신속하게 착수했다. 하지만 그뒤로 이른바 '대서양 전투'에서는 오락가락했다. 영국측의 경우 때때로 독일 해군의 암호를 해독하는 것이 독일 잠수함 활동 해역에서 배와 호송선의 운항 계획을 수립하는 데 도움이 되었다. 독일 잠수함은 주로 무선으로 지상의 특별본부로부터 명령을 받거나 보고를 하는 팩(pack), 즉 여러 척의 그룹으로 편성되었다. 연합국 호송선을 발견한 경우 지휘 잠수함은 여러 척이 동시에 공격하기 위해 팩에 소속된 다른 잠수함을 불렀다. 그 과정에서 주고받는 무선 통신은 감청에 취약했지만, 영국 해군이 호송선과 주고받는 통신도 감청에 취약하기는 마찬가지였다. 1943년까지 독일의 암호 해독 능력은 종종 영국에 앞섰던 반면, 1943년 이후부터 종전까지는 미국의 지원을 받은 영국의 기술이 앞섰다고 보는 것이 맞을 것이다. 캐나다 해군의 참전 확대와 미국의 호위항공모함 제공과 마찬가지로, 허프-더프(Huff-Duff)로 불린 단거리 방향 탐지기의 개발도 연합국의 함선 방어 작전에 도움이 되었다. 장거리 비행기도 이런 임무에 투입되었을 때 연합군 활동에서 중요한 역할을 했고, 비행

선은 큰 기여를 하지 못했다.

독일군의 해상 작전에 대해서는 두 가지 다른 형태의 지원을 언급해야겠다. 종종 독일군 장거리 항공기는 잠수함이 찾아내기 어려운 배와 호송선단을 수색하는 역할을 했다. 이런 항공기는 상선, 호위함 할 것 없이 대함 공격을 했다. 전쟁 첫해 또다른 형태의 지원은 소련이 제공했다. 스탈린은 독일이 우선은 유럽 대륙 북부, 다음에는 서부, 뒤이어 남부에서 연합군을 몰아내는 것을 지원하는 활동이 결국 동부에서 소련이 홀로 독일을 상대하는 결과를 초래할 것임을 이해하지 못했다. 마찬가지로 소련의 지원으로 침몰한 연합국 선박을 소련이 독일군의 공격을 받은 뒤 바다에서 들어올려 보급품 수송에 이용할 수 없을 것임을 알지 못했다. 결국 스탈린은 독일로부터 일부 해군 장비와 건조가 완료되지 않은 순양함을 얻는 대신에 독일 해군이 무르만스크항을 사용하도록 허락해주었다. 또한 무르만스크 서쪽 북극해에 해군 기지 하나를 제공했으며, 독일군 보조순양함이 태평양에 진입해서 연합국 선박을 격침시키도록 시베리아 북쪽 항로로 이동할 수 있게 했다. 독일군의 전쟁 활동에서 더 중요한 것은 독일의 소련 침공으로 철도 운행이 중단될 때까지 석유와 비철금속, 고무를 비롯한 중요 물자를 동아시아에서 철도를 이용해 공급하는 일이었다.

소련의 독일 해군 지원은 소련 공격이라는 독일 해군 참모총장인 레더 제독의 목표에 기여했을 수도 있었다. 레더 제독은 실제로 히틀러에게 1939년에서 1940년 사이의 겨울에 두 가지 활동을 건의했다. 첫째는 1939년 10월을 시작으로 미국 선박을 체계적으로 격침시키자는 주장이었다. 이전 전쟁에서 미국의 역할이 중요하지 않았다는 독일 지휘부의 일반적 인식을 공유했던 레더 제독은, 눈에 띄는 모든 선박에 대한 격침을 승인함으로써 독일 잠수함의 상황을 수월하게 할 수 있다면 미국을 상대로 싸움을 재개할 준비가 되어 있었다.

히틀러는 레더의 요구를 들어주지 않았다. 미국을 상대할 수상함 전력을 갖추거나 그런 해군 전력을 갖춘 동맹국을 확보하기 전까지는 미국이 군사력을 동원하도록 자극하지 않는 편이 낫다고 판단한 것이다. 1940년 여름 서유럽에서의 승리 뒤에 히틀러가 취한 첫번째 조치는 미국과의 전쟁에 대비해 대양 해군 구축의 재개를 지시한 것이지만, 그사이에 잠자는 미국을 깨우지 않기를 원했다.

독일의 덴마크 및 노르웨이 침공

레더 제독이 건의한 또다른 조치는 노르웨이 점령과, 노르웨이 침공시 병참선을 원활하게 하기 위한 (독일과 노르웨이 사이에 위치한) 덴마크 점령이었다. 두 나라를 장악할 경우 독일 해군은 대서양에 좀더 쉽게 접근할 수 있었다. 영국과의 전쟁을 위해 노르웨이 기지를 점령하는 문제는 1차대전 당시 독일군의 관심사였고 전간기(1919~39년)에도 주된 의제로 유지되었다. 히틀러도 레더와 마찬가지로 이 문제가 영국과의 싸움에서 중요한 요소가 될 것으로 보았다. 노르웨이 점령시 얻게 되는 부가적인 이점은 발트해 대부분이 얼어붙는 겨울에 스웨덴에서 오는 철 운송의 안전을 노르웨이 연안 제해권을 통해 보장할 수 있다는 것이었다. 독일은 철 수요의 40퍼센트를 스웨덴에 의존했다. 노르웨이 침공 작전 준비를 허락한 히틀러는 해군 수뇌부 일부가 의문을 표했을 때에도 같은 입장을 고수했다. 애초부터 노르웨이를 독일의 영구적 영토로 만들어 중부에 있는 트론헤임에 주요 해군 기지를 두기로 했고, 트론헤임을 독일 본토와 고속도로로 연결된 독일 도시로 만들 계획이었다.

1939년 가을 히틀러는 3개 저지대 국가를 통한 서유럽 공격을 크게 선호했다. 폴란드 침공 뒤 기술적 어려움, 군부 내 일부 반대, 그리고 주로 날씨 문제가 맞물려서 잇달아 일정이 지연되었다. 독일 공군은 독일군의 진격을 돕기 위해 광범위한 전술 지원을 해줄 예정이었다. 공격당한 중립국이나 연합국이 어떤 저항을 하든 상관없었다. 실제로 독일 공군은 주로 그런 역할을 하도록 만들어졌다. 겨울철에 한동안 이어진 궂은 날씨는 공격 지연의 주된 요인이 되었고, 일정이 지연되면서 독일은 서유럽 공격에 앞서 북유럽을 먼저 공격했다.

1939년에서 1940년 사이의 겨울에 벌어진 싸움 중 가장 큰 관심을 끈 사건은 소련과 핀란드 간에 벌어진 겨울전쟁이었다. 독일과 소련이 협공으로 폴란드를 굴복시킨 직후였다. 소련은 발트 3국인 에스토니아, 라트비아, 리투아니아에 소련군이 주둔하게 해달라고 요구했다. 그와 동시에 핀란드에도 영토 할양을 비롯한 양보를 요구하고 협상을 벌였지만 결국 11월 30일에 핀란드를 공격했다. 소련은 군사 행동을 일찌감치 고려했기 때문에 핀란드를 신속하게 장악할 괴뢰정부를 수립했다. 하지만 현실은 소련의 기대와 달랐다. 소련군은 전선 북쪽 끝에서 북극해와 맞닿은 핀란드 해안을 점령했지만, 남부와 중부 지역에서는 강력한 저항에 부딪쳤고 일부 지역에서 벌어진 전투에서 졌다. 1940년 2월 소련군은 대규모 증원을 통해 핀란드군을 전선 남부로 몰아붙였다. 스웨덴의 몇 차례 중재로 성사된 평화협상에 의해 1940년 3월에 싸움이 중단되었다. 핀란드는 중부와 남부 국경지역을 소련에 할양하고 남서부에 소련 해군 기지가 건설되는 것을 허용해야 했다. 대신에 소련은 이미 점령한 북부의 땅을 돌려주었다. 소련이 만든 괴뢰정부는 핀란드로부터 얻은 땅에 유지되지 않고 해체되었다. 소련은 국제연맹에서 축출되었다. 일련의 사건 전체가 국제적인 불신임을 초래한 것이 분명했다. 개전 초 소련군의 어설픈 전쟁 능력을 지켜본 독일은 소련군이 대책 없이 무기력하다는 확신을 갖게 되었다. 소련군이 종종 혹독한 상황에서 단호하게 싸움을 지속한 사실은 간과했다. 독일이 판단하기에 영국이 핀란드 지원을 구실로 노르웨이를 점령할 가능성이 있었고, 그것은 독일이 노르웨이를 침공해야 한다는 레더 제독의 주장에 공감했던 히틀러의 생각을 더욱 다져주었다.

독일의 덴마크 및 노르웨이 침공 계획은 간단하면서도 복잡했다. 이전 전쟁에 참여하지 않았던 중립국을 상대로 선전포고 없이 기습 공격하는 면에서는 간단했다. 독일 전함과 병력 수송함이 일부 공수부대 전력과 함께 노르웨이의 주요 지점을 신속하게 점령하는 동안, 병력을 실은 함정이 덴마크의 항구와 수도 코펜하겐에 진입하기만 하면 되었다. 덴마크와 노르웨이 정부는 항복 요구를 받게 되고, 양국 또는 그중 하나라도 항복하지 않으면 뒤이은 싸움에서 괴멸시키면 될 터였다. 복잡한 측면은 노르웨이 침공 계획과 관련이 있었다. 노르웨이는 해안선이 매우 길어서 꽤 거리가 먼 양쪽 지점에서 공격할 필요가 있었다. 이런 상황은 두 가지 문제점을 야기했다. 첫째, 병력을 목적지로 수송하거나 호송하기 위해 독일 해군 수상 전력 대부분을 동원해야 했는데, 이 경우 영국 해군의 공격에 노출될 수 있었다. 둘째, 나르비크 항구는 스웨덴 철광산에서 출발하는 철도가 끊어지는 곳이어서 아주 중요했지만, 동시에 독일군 기지에서 가장 멀리 떨어진 곳이었다.

첫째 문제와 관련해서 독일 해군은 영국과의 해전 가능성을 감수했고, 결국 예상했던 것보다 훨씬 큰 피해를 입었다. 다음으로, 독일측의 행동을 수월하게 만들어줄 것으로 기대되는 두 가지 형태의 지원이 있었다. 우선 나르비크에서 노르웨이군의 주요 보직에 있던 한 장교가 독일에 호의적이었다. 독일과 내통했던 노르웨이 반역자 비드쿤 크비슬링의 추종자였던 이 장교가 독일군 상륙시 도울 것이라고 예상할 수 있었다. 게다가 소련이 제공한 북해 해군 기지는 보급선을 비롯한 독일 함정이 영국 해군의 예상되는 간섭 없이 다른 방향에서 나르비크로 갈 수 있는 거점을 제공했다.

4월 초 공격 부대를 태운 함정과 호위함이 독일 항구를 나서는 동안 사복 차림의 독일군 장교들은 항복 요구를 전달하기 위해 코펜하겐과 오슬로로 향했다. 덴마크는 바로 항복했지만 노르웨이 정부는 항복하지 않았다. 독일이 크비슬링과 손잡은 것은 나르비크에서 도움이 되었지만, 한편으로는 노르웨이 국민을 자극해 독일에 적대감을 갖게 했다. 독일 해군의 신형 중순양함 블뤼허는 수도 오슬로로 가는 협만(피오르)을 항해하다가 침몰했다. 노르웨이 정부는 오슬로를 떠나 영

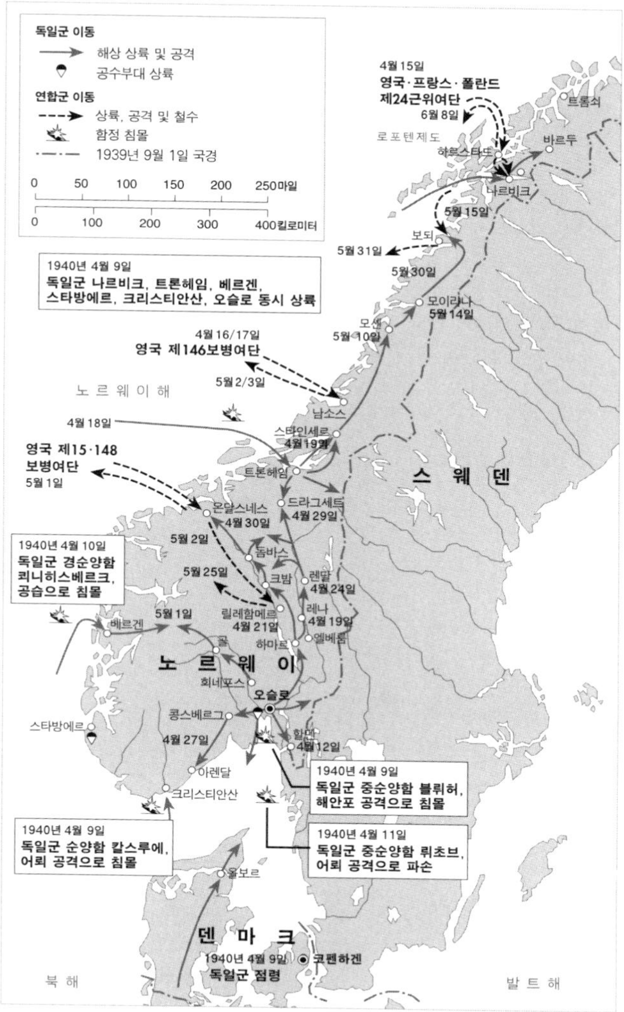

독일군 이동
해상 상륙 및 공격
공수부대 상륙
연합군 이동
상륙, 공격 및 철수
함정 침몰
1939년 9월 1일 국경
0 50 100 150 200 250마일
0 100 200 300 400킬로미터
1940년 4월 9일
독일군 나르비크, 트론헤임, 베르겐, 스타방에르, 크리스티안산, 오슬로 동시 상륙
4월 15일
영국·프랑스·폴란드 제24근위여단
6월 8일
트롬쇠
로포텐제도
하르스타드
바르두
나르비크
5월 15일
보되
5월 31일
5월 30일
모이라나
5월 14일
모셴
5월 10일
4월 16/17일
영국 제146보병여단
5월 2/3일
노르웨이해
남소스
4월 18일
스타인셰르
4월 19일
영국 제15·148 보병여단
5월 1일
트론헤임
스웨덴
온달스네스
4월 30일
드라그세트
4월 29일
5월 2일
돔바스
1940년 4월 10일
독일군 경순양함 쾨니히스베르크, 공습으로 침몰
5월 25일
크밤
렌달
4월 24일
레나
4월 19일
릴레함메르
4월 21일
베르겐
5월 1일
하마르
엘베룸
골
노르웨이
회네포스
오슬로
콩스베르그
스타방에르
4월 27일
할덴
4월 12일
아렌달
크리스티안산
1940년 4월 9일
독일군 중순양함 블뤼허, 해안포 공격으로 침몰
1940년 4월 9일
독일군 순양함 칼스루에, 어뢰 공격으로 침몰
1940년 4월 11일
독일군 중순양함 뤼초브, 어뢰 공격으로 파손
올보르
덴마크
1940년 4월 9일 독일군 점령
코펜하겐
북해
발트해

2. 노르웨이 전역

국으로 망명했다. 독일군은 노르웨이 주요 도시인 트론헤임 상륙에 성공해서 비행장을 비롯한 몇몇 지점을 점령했다. 나르비크 상륙 부대는 난관에 부닥쳤다. 영국 해군이 독일 해군 구축함 10척의 발을 묶어놓았기 때문이다. 결국 연합군 1개 상륙부대가 나르비크를 접수했지만 1940년 5월 서쪽에서 독일군이 공격하자 물러났다. 영국·프랑스·폴란드 부대가 트론헤임과 멀지 않은 두 곳에 상륙했지만 지휘체계가 허술했고 공군의 지원도 받지 못했다. 노르웨이 남부에서 벌어진 전투에서는 독일군의 제공권 장악과 연합군의 전반적인 무질서가 결정적인 역할을 했다. 결국 노르웨이 정부도 영국에 망명해야 했다. 하지만 연합국 입장에서 독일의 노르웨이 공격은 중요하고 긍정적인 측면도 있었다.

노르웨이 전역 기간에 영국 해군은 항공모함 1척과 전함 다수를 잃었지만, 더 심한 타격을 입은 것은 독일 해군이었다. 전함 2척, 즉 샤른호르스트와 그네이제나우가 어뢰 공격으로 크게 파손되었다. 블뤼허 외에도 순양함 여러 척이 침몰하거나 피해를 입었다. 1940년 7월 1일의 작전을 위해 독일 해군이 남겨둔 상당한 규모의 전함은 중순양함 1척과 경순양함 2척, 구축함 4척뿐이었다. 파손 함정 다수가 수리되었지만 독일 해군 전력은 아주 중요한 시점인 1940년 여름에 영국 침공을 지원하기에는 충분하지 못했다.

그럼에도 노르웨이 점령은 독일군의 전쟁 활동에 여러 측면에서 도움이 되었다. 노르웨이에는 독일이 소련을 침공했을 때 무르만스크에 있는 소련 해군 기지를 공격할 기지를 비롯해 대서양에 직접 접근할 수 있는 해군 기지들이 있었다. 처음에는 영국이, 나중에는 미국이 북부 항로를 거쳐 소련을 지원하기 위해 배를 보내는 활동을 하늘과 바다에서 방해하는 작전을 펼치기에 좋은 시설들도 있었다. 결국 독일은 노르웨이를 장악함으로써 스웨덴을 압박해 독일의 전쟁 활동을 더 적극적으로 지원하게 했다. 스웨덴 선박으로 철을 운송할 뿐 아니라 스웨덴 철도망을 이용해 독일군 병력과 물자를 수송하기도 했다. 독일은 스웨덴이 자국의 철광산을 폭파할 것을 우려해 침공하지 않았지만, 다른 전쟁에서 승리한 뒤에 손쉽게 스웨덴을 차지할 수 있으리라고 생각했다. 전쟁 기간에 실제로 스웨덴 점령 계획을 수립했지만, 막상 노르웨이 주둔 독일군은 남은 전쟁 기간에 언제 있을지 모르는 연합국 공격에 맞설 대비태세를 갖춰야 했다.

덴마크를 점령하고 노르웨이와 싸우던 시점에 독일은 덴마크와 관련된 두 영토, 즉 아이슬란드와 그린란드에 신경을 거의 또는 전혀 쓰지 않았다. 대신에 영국이 나서서 아이슬란드를 점령했고, 미국의 루스벨트 대통령은 그린란드가 서반구 영토라고 선포했다. 이런 조치는 뒤이은 대서양 전투에서 연합국에 도움이 되었다. 1940년 해군 전력이 미약했던 독일은 더 큰 전쟁에서 아주 중요한 역할을 할 이런 지역을 점령할 생각조차 못했다.

노르웨이에서 연합군이 패배한 사실은 영국 수상 네빌 체임벌린의 사임에 직접적인 불씨가 되었다. 당시 집권 보수당은 수상 후보로 핼리팩스를 선호했다. 하지만 핼리팩스는 전쟁의 결정적 시점에 상원 출신이 정부를 이끄는 것은 타당하지 않다고 생각했다. 결국 윈스턴 처칠이 노르웨이 전역을 잘못 처리한 데 대한 큰 책임이 있는 해군장관임에도 불구하고 수상이 되었다. 독일군이 서유럽을 공격한 날인 5월 10일 출범한 새 영국 정부는 보수당, 노동당, 자유당의 연립정부였다. 극소수 인원만 교체된 이런 연립정부가 나머지 대부분의 전쟁 기간에 영국 정부를 이끌었다.

1939년에서 1940년 사이의 겨울에 관한 또다른 한 가지 측면도 언급해야겠다. 뒤이은 상황 전개에 큰 영향을 주었기 때문이다. 독일과 영국 정부 인사들 사이에는 여러 비밀 외교 접촉이 있었다. 독일 내부에서 히틀러의 정적들이 나치 정부를 전복할 경우 독일에 적절하고 평화적인 타협안을 제시할 가능성에 대해 타진했던 것이다. 영국과 프랑스 정부는 독일이 평화를 되찾을 수 있지만, 대신에 체코와 폴란드는 독립을 회복해야 한다고 한목소리를 냈다. 이런 협상에 관여한 독일 인사들이 히틀러 정권과는 다른 입장을 보였다고 해도, 연합국에 매우 중요한 사실이 두 가지 있었다. 즉, 1944년 7월 전에는 히틀러 정부를 전복하려는 시도가 없었고, 히틀러에 반대해 쿠데타에 가담하려 했던 일부 인사들은 그럼에도 불구하고 일련의 중립국 침공 계획의 수립과 실행에 관여했다는 것이다. 이런 사실은 독일 내부의 반히틀러 인사들에게는 거슬리는 문제가 아닐 수도 있었지만, 영국 정부의 독일에 대한 생각에 중요한 영향을 줬을 가능성이 있다. 이런 두 가지 사실은 연합국 협상 담당자들이 히틀러 정권 내부의 반대 세력에 대해 가졌을 신뢰를 떨어트렸다. 비밀 접촉을 알았고 거기에 동의했던 새 총리를 비롯한 영국 정부의 관리들이 내린 결론은 쿠데타가 실제로 벌어지기 전에는 추가 협상을 해서는 안 된다는 것이었다. 쿠데타가 벌어지면 그때 가서 가장 좋은 대책을 결정할 예정이었다.

제 3 장

서부 전선: 1940년

전쟁 계획

원래 히틀러는 1939년 가을에 서유럽을 공격할 생각이었다. 1940년 봄으로 일정이 늦춰진 점은 공격에 세 가지 중요한 영향을 끼쳤다. 첫째, 독일은 폴란드를 상대로 한 군사행동 시 나타난 몇 가지 문제점을 보완할 시간을 확보할 수 있었던 반면, 프랑스와 영국은 그런 상황에서 교훈을 얻지 못했다. 둘째, 독일 내에서 히틀러 정권에 반대한 인물, 특히 최고사령부 정보부의 한스 오스터 대령이 던진 향후 독일군의 공격에 대한 반복된 경고가 프랑스나 영국이 마지막이자 정확한 경고를 기본적으로 무시하게 하는 의도하지 않은 효과를 낳았다. 셋째, 이런 여유 기간은 독일군 공세의 대규모 재정비에 활용되었다. 이는 독일군의 공격에 대한 프랑스 및 영국의 방어 계획과 숙명적인 관련이 있었다.

1938년 5월에 이미 히틀러는 군 지휘부에 서유럽 공격이 저지대 국가를 대상으로 실행될 것이라고 말했다. 1939년에 공격하려 했던 원래 계획에는, 독일군이 벨기에와 룩셈부르크를 침공한 1914년과 달리 네덜란드 침공도 포함되어 있었다. 강력한 우측면 공격이 있을 터였지만 그 주요 목표는 1914년 작전 계획의 주요 특징인 프랑스군 포위라기보다는 이후 영국 침공에 대비한 항구 및 기지 점령이었다. 한편 네덜란드와 벨기에 정부는 독일을 자극하는 것을 우려해 프랑스와 영국의 전쟁 준비 활동에 협조하기를 거부했다. 결과적으로 연합국은 저지대 국가가 공격받은 뒤에야 이들 국가를 지원하기로 결정했다. 연합국은 추락한 독일 항공기에 타고 있던 장교로부터 확보한 독일군 공격 명령의 일부에 포함된 계획을 근거로, 독일이 애초에 계획한 대로 움직일 것으로 내다보았다. 저지대 국가가 전략 수립에 협조하는 것을 거부했기 때문에, 연합국은 독일군의 프랑스 침공을 막기 위해 기계화가 가장 잘된 부대를 전방에 보내야 했다. 게다가 프랑스군 총사령관인 모리스 가믈랭은 독일군을 프랑스로부터 가능한 한 멀리 떨어트려놓기 위한 계획의 일부로, 프랑스군 주 예비전력인 제7군을 독일군의 공격을 받은 중립국을 구하기 위해 보낸 부대의 좌측면에 있는 네덜란드로 보내기로 결정했다. 또한 긴급 상황에서 이동 배치할 수도 있는 대규모 전력이 없어짐에도 불구하고 전체 프랑스 전력의 절반을 독일과 인접한 국경을 따라 사전에 구축한 고정된 방어선, 즉 마지노선에 배치했다.

독일군은 공격 연기로 확보한 여유 기간에 작전을 수정했다. 침공 전력의 우측면을 강화하는 대신, 네덜란드와 벨기에를 지원하러 오는 프랑스군과 영국군을 차단하면서 아르덴 고원지대를 통과해 영불해협으로 진격하기로 한 것이다. 독일은 다음과 같은 전술을 동시에 구사함으로써 네덜란드와 벨기에로부터 무조건 항복을 받아낼 예정이었다. 첫째, 상대방이 제대로 병력을 배치해 대비태세를 갖추기 전에 독일군 공수부대가 거점을 점령한다. 둘째, 네덜란드가 어떤 식으로 방어를 하든 상관없이 네덜란드 군복을 입은 독일군이 혼란을 야기한다. 셋째, 대규모 도심 폭격과 민간인 사살로 군대뿐 아니라 민간인의 사기를 꺾는다.

서유럽을 상대로 한 독일의 승리

5월 10일 독일군은 공격을 감행했다. 공수부대가 벨기에의 주요 요새를 점령했다. 5월 13일에는 이미 점령한 뫼즈강을 건너 아르덴을 돌파하기 위해 기갑부대와 기계화 보병이 집결했다. 전차와 기계화 보병이 협공하면서 영불해협 방향으로 진격했고, 5월 20일에서 21일 사이의 밤에 해협에 도달했다. 그사이 네덜란드는 무조건 항복을 했다. 네덜란드 정부는 영국으로 망명했다. 네덜란드 제2의 도시인 로테르담의 대부분은 독일군 공습으로 파괴되었다. 영국 정부가 독일 도시에 대한 폭격을 영국 공군에 허락하게 된 결정적 계기가 바로 로테르담 공습이었다. 독일군의 돌파를 막으려던 연합군의 노력은 물거품이 되었다. 프랑스의 잘못된 전력 배치와, 연합군 사이 그리고 프랑스군 내부의 극도로 지리멸렬한 지휘 체계가 그 원인이었다. 벨기에는 상당수 병력을 동원했고 다수가 잘 싸웠음에도 5월 28일 무조건 항복을 했다. 이런 상황은 지원을 위해 급히 달려왔지만 결과적으로 영불해협으로 진격하던 독일군에 의해 차단된 연합군의 전력을 더욱 약화시켰다.

프랑스군 사령부는 독일군이 돌파한 지점 아래에 프랑스 북부를 가로지르는 새로운 전선을 만들려고 했다. 돌파에 성공한 독일 집단군 사령관 폰 룬트슈테트는 이런 상황이 1차대전 때처럼 수백 마일 전선에서의 진지 방어전으로 이어지는 것을 크게 우려했다. 그래서 5월 24일 히틀러의 승인하에 영국과 프랑스가 관할하는 항구로 진격하던 독일군 기갑부대의 이동을 중단시켜, 남쪽으로 프랑스의 새로운 방어선을 뚫을 때를 대비해 재충전과 재정비를 할 수 있게 했다. 히틀러는 육

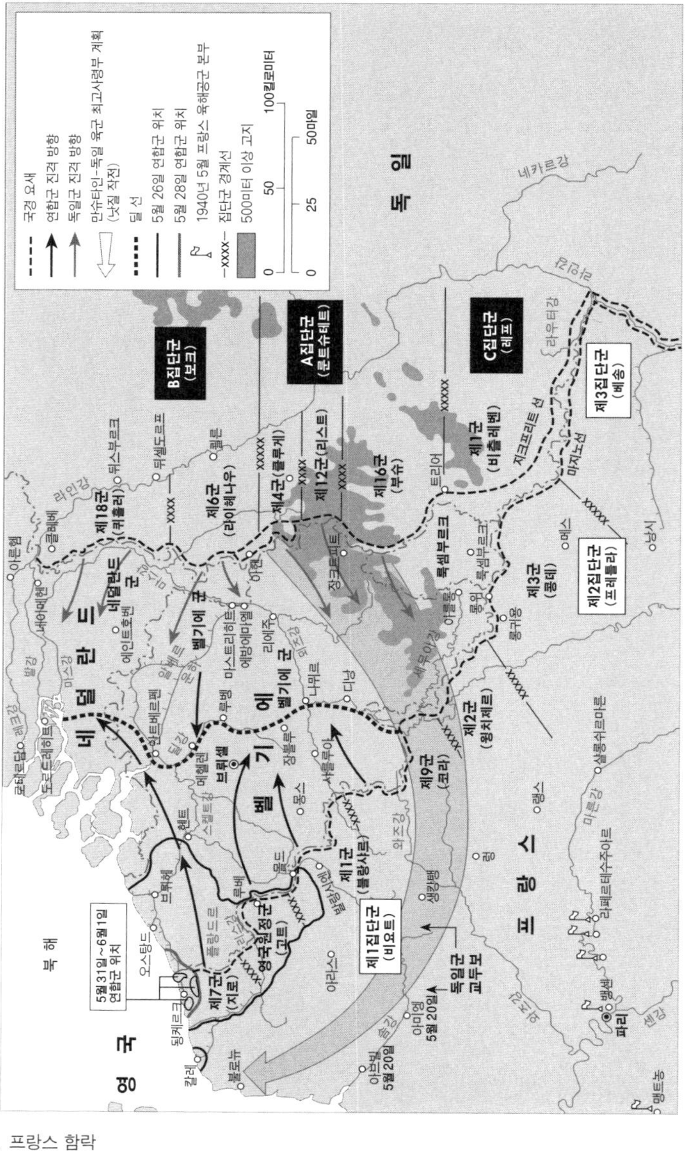
국경 요새
연합군 진격 방향
독일군 진격 방향
만슈타인-독일 육군 최고사령부 계획 (낫질 작전)
딜 선
5월 26일 연합군 위치
5월 28일 연합군 위치
1940년 5월 프랑스 육해공군 본부
집단군 경계선
500미터 이상 고지
0 50 100킬로미터
0 25 50마일
독 일
B집단군 (보크)
A집단군 (룬트슈테트)
C집단군 (레프)
제3집단군 (베송)
제2집단군 (프레틀라)
제1집단군 (비요트)
제18군 (퀴흘러)
제6군 (라이헤나우)
제4군(클루게)
제12군(리스트)
제16군 (부슈)
제1군 (비츨레벤)
제7군 (지로)
제1군 (블랑샤르)
제9군 (코라)
제2군 (윙치제르)
제3군 (콩데)
영국원정군 (고트)
네 덜 란 드
네덜란드 군
벨 기 에
벨기에 군
프 랑 스
영 국
북 해
5월 31일~6월1일 연합군 위치
독일군 교두보
5월 20일
아브빌 5월 20일
아미앵 5월 20일
지크프리트 선
마지노선
라인강
네카르강
라우터강
마스강
뫼즈강
솜강
와즈강
마른강
센강
모젤강
발강
레크강
브뤼셀
파리
됭케르크
칼레
불로뉴
오스텐드
로테르담
안트베르펜
룩셈부르크
메스
낭시
랭스
트리어
쾰른
뒤셀도르프
아른헴
클레베
리에주
마스트리히트
나뮈르
디낭
스당
몽스
겐트
릴
브뤼헤
아라스
생캉탱
베르됭
라페르테수주아르
샬롱쉬르마른

3. 프랑스 함락

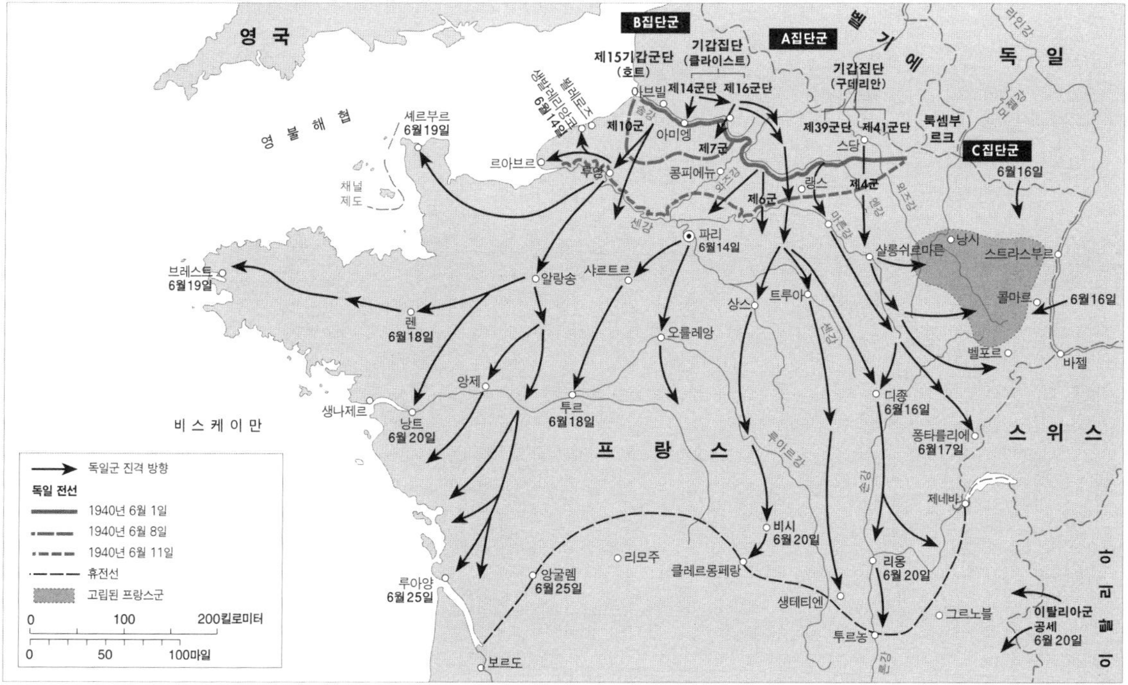
영 국
영 불 해 협
채널
제도
B집단군
제15기갑군단
(호트)
기갑집단
(클라이스트)
A집단군
벨 기 에
독 일
기갑집단
(구데리안)
제14군단
제16군단
제39군단
제41군단
룩셈부
르크
C집단군
6월16일
셰르부르
6월19일
생발레리앙코
6월14일
빌레르즈
아브빌
제10군
아미앵
제7군
스당
르아브르
루앙
콩피에뉴
랭스
제4군
제6군
솜강
와즈강
센강
마른강
뫼즈강
모젤강
라인강
파리
6월14일
낭시
샬롱쉬르마른
스트라스부르
브레스트
6월19일
알랑송
샤르트르
트루아
상스
콜마르
6월16일
렌
6월18일
오를레앙
벨포르
바젤
앙제
생나제르
낭트
6월20일
투르
6월18일
디종
6월16일
퐁타를리에
6월17일
비 스 케 이 만
프 랑 스
스 위 스
루아르강
손강
제네바
비시
6월20일
리모주
클레르몽페랑
앙굴렘
6월25일
루아양
6월25일
생테티엔
리옹
6월20일
그르노블
투르농
론강
보르도
이탈리아군
공세
6월20일
이 탈 리 아
독일군 진격 방향
독일 전선
1940년 6월 1일
1940년 6월 8일
1940년 6월 11일
휴전선
고립된 프랑스군
0 100 200킬로미터
0 50 100마일

4. 프랑스 함락

군의 진격을 줄곧 잘 지원했던 독일 공군이, 차단된 연합군 부대를 괴멸시킬 수 있다는 공군사령관 헤르만 괴링의 장담을 믿었다. 독일군 기갑부대의 잠정적인 진격 중단과 더불어 연합군의 효과적인 반격, 각종 함선의 대규모 전개, 본토에서 날아온 영국 공군 덕분에 20만 명 이상의 영국군과 10만 명 이상의 프랑스군이 됭케르크 해변에서 무사히 빠져나올 수 있었다. 장비를 버리고 왔지만 영국군의 핵심 병력은 살아남았다.

프랑스군의 새 사령관인 막심 베이강 장군은 새로운 방어선을 구축하려고 했다. 북부에서 차단된 부대 중 철수한 병력이 영국에서 장비와 조직을 보강하길 기대했다. 독일군은 그런 일이 벌어지기 한참 전인 6월 5일 프랑스 방어선을 공격했다. 며칠 동안 격렬한 싸움을 벌인 뒤 방어선을 돌파한 독일군은 6월 14일 파리를 점령했고, 프랑스 부대 일부가 용감하게 반격했지만 독일군은 진격을 멈추지 않았다. 6월에 독일 육군 부대는 항복한 아프리카 식민지 출신 프랑스군을 학살하기 시작했다. 폴란드에서 보여준 독일 육군의 흉악함은 뒤이은 전쟁에서 더 추악한 수준으로 나타났다.

독일군이 서유럽에서 조기에 승리를 거둔 것이 분명한 상황에서 각국 정부는 새로운 결정을 내려야 했다. 베니토 무솔리니가 보기에 승리한 것으로 판단되는 전쟁에서 이탈리아가 어떤 전리품을 얻으려 한다면 이때가 바로 독일과 손잡을 시점이었다. 이탈리아는 대규모 전쟁을 벌일 준비가 되어 있지 않았지만, 결국 1차대전 당시의 동맹이었던 국가에 선전포고를 했다. 이탈리아군은 알프스에서 프랑스군을 상대로 소규모 공격을 감행했고, 북아프리카와 북동아프리카에서도 최소한의 군사행동을 시작했다. 1939년 4월 스페인을 완전히 장악한 프란시스코 프랑코 역시 독일 편에 합류하는 것을 검토했지만, 참전하기 전에 스페인의 이익을 확실히 보장받고 싶어 했다. 프랑코는 다방면으로 독일을 도울 테지만 히틀러로부터 그때 혹은 나중에라도 자신이 원하는 지역을 확실히 얻을 수 있다는 보장을 받지 못했기 때문에 명목상 중립을 유지했다.

소련은 독일의 노르웨이 점령을 기꺼이 지원할 의향이 있었고 독일군의 서유럽 공격도 크게 반겼다. 소련 정부는 독일군의 작전이 놀랄 만큼 성공적으로 보이자 독일과의 협정에 따른 자국 몫을 확보할 시점이라고 판단했다. 그래서 발트 3국을 점령해 합병했고, 독일계 주민의 망명을 허용했다. 핀란드에도 새로운 압박을 가했고, 루마니아에는 베사라비아와 부코비나의 일부를 넘길 것을 요구했다. 앞서 언급했듯이 소련은 독일에 넘겨주기로 약속한 지역을 포함해 리투아니아 전지역을 점령했다. 핀란드와 루마니아의 영토 범위를 둘러싸고 독일과 소련 정부 사이에 논란이 벌어졌지만, 이 문제는 외교적으로 해결되었다. 스탈린이 파악하지 못한 중요한 문제는 소련의 이같은 조치야말로 독일 정부가 새로운 결정(소련 침공을 의미한다—옮긴이)을 실행에 옮기는 것을 더 수월하게 했다는 점이다.

프랑스 정부는 1차대전 때처럼 남서부 항구 도시인 보르도로 소재지를 옮겼다. 필리프 페탱 원수와 피에르 라발은 거의 피해를 입지 않은 프랑스 해군을 동원해 식민지 제국을 기반으로 싸움을 계속하기보다는 전쟁에서 벗어나기로 마음먹었다. 그래서 스페인을 통해 독일에 휴전 제안을 했다. 히틀러는 기꺼이 요구 조건을 제시했다. 당시 독일은 프랑스의 식민지를 점령할 방법이 없었고, 프랑스 해군과 싸움을 지속하기를 원하지 않았다. 또한 영국을 쉽게 굴복시킬 수 있을 것이라고 판단했고, 1940년에 군대를 동쪽으로 보내 소련을 침공할 의향이 있었다. 이런 상황에서 히틀러는 프랑스에 관한 무솔리니의 요구를 거부하고 프랑스의 모든 해협과 대서양 연안을 포함한 영토 대부분을 점령하기로 결정하고, 일부 지역만 임시로 페탱의 통솔 아래 무방비 상태로 남겨두었다. 페탱은 독일이 장악한 유럽에서 프랑스가 독일과 같은 권위주의 국가가 되기를 원했다. 독일은 새 프랑스 정권과 협조할 생각이 전혀 없었지만, 페탱은 그런 사실에 개의치 않았다. 프랑스 내 독일군 비점령 지역과 휴양 도시인 비시에 세운 페탱 정부에 충성하는 식민지 군부대에는 독일군, 이탈리아군, 일본군과 절대 싸우지 말고 영국군, 프랑스군 또는 나중에 연합군에 합류하는 미군과 싸우라는 명령이 떨어졌다. 1940년 6월 24일 밤 독일-프랑스 및 이탈리아-프랑스 휴전 협정이 발효되었다. 100만 명이 넘는 프랑스 병력이 독일에 포로로 잡혔다. 소수의 프랑스인이 당시 갓 진급한 샤를 드골 장군의 '자유프랑스운동'으로 알려지게 되는 활동에 합류했다. 이들이 뒤이은 몇 달간 중부아프리카와 남태평양에 있는 여러 프랑스 식민지에 집결하는 동안, 비시 정권은 벨기에의 금 보유분을 서아프리카에서 독일로 옮길 준비를 했다.

영국 정부는 처칠이 직접 주도적인 역할을 하며 프랑스가 계속 싸우도록 열심히 독려했다. 영국 정부는 단독강화(동맹에서 이탈하여 교전 상태에 있는 적대국과 단독으로 맺는 강화—옮긴이) 조약을 맺지 않기로 했던 이전 협정에 추가해서 위급 상황에 두 나라를 하나로 합치는 방안을 긍정적으로 검토했지만, 프랑스에 들어선 새 정권은 영국의 방안을 전혀 고려하지 않았다. 영국 정부는 힘든 상황에서도 서둘러 결정을 내렸다. 영국은 최대한 오랫동안 자국 본토, 그리고 필요하다면 영연방국가와 식민지에서 독일 및 이탈리아와의 싸움을 지속하기로 했다. 됭케르크에서 탈출한 다수의 영국군 장교와 병사들은 이런 입장을 지지했다. 독일군의 폭격 개시로 약화되기보다는 오히려 강화된 국내 전선에 의해 영국인들의 항전 의지는 더 강해졌다. 독일군의 침공을 예상했던 영국 정부는 국토 방위를 지원하기 위해 노인들로 구성된 향토방위대를 소집했으며, 상륙하는 독일군을 상대로 독가스를 사용하자는 영국군 참모총장 존 딜 원수의 제안에 동의했다. 또한 독일이 영국 본토의 일부나 전지역을 점령하는 상황에 대비해, 보유중인 금과 외환을 토론토 및 몬트리올로 옮기고 캐나다에 망명한 정부가 계속해서 전쟁 지휘를 하는 동안 독일군이 점령한 지역에서 게릴라전을 벌일 준비도 시작했다.

영국왕 에드워드 8세 윈저공은 프랑스의 페탱의 역할을, 그리고 1차대전시 수상이었던 데이비드 로이드 조지는 프랑스의 라발의 역할을 할 가능성이 있었다. 하지만 영국의 3개 정당은 자국군의 공습과 봉쇄뿐 아니라, 자신들을 착취하고 적대시할 것이 분명한 독일에 항거하는 독일 점령지 국민을 돕는 원정군까지 더해져 독일에 승리할 것으로 기대한 내각을 옹호했다. 결국 친독 성향의 윈저공은 바하마로 보내졌고, 로이드 조지는 의회에서 고립된 목소리로 남았다. 7월 19일경에 히틀러가 강화를 제안했을 때 중요한 모든 결정은 런던에서 내려졌고, 핼리팩스 외무장관은 독일과의 강화 거부를 천명했다.

영국 정부는 프랑스가 단독강화 조약에 서명해서는 안 된다는 의무에서 벗어나려면 프랑스 함대가 영국 항구로 이동해야 한다고 일찍부터 주장했다. 비시 정부가 이를 거부했을 때 영국은 프랑스 전함을 무장해제시켰고, 북아프리카에 있던 전함이 프랑스령 서인도제도로 이동하는 것을 거부했을 때에는 함포로 격침시켰다. 동맹의 슬픈 결말이었지만, 영국 정부는 해당 함정에 대한 프랑스나 독일의 확약을 믿을 수 없었고, 독일이 프랑스 함대를 이탈리아군과 독일 해군에 합류시킨다면 침공을 막을 수도 없었다. 노르웨이 전역에서 독일 전함의 손실과 피해가 치명적인 것으로 드러난 데에는 이런 배경이 있었다. 게다가 독일은 영국 침공을 계획했으므로, 1944년 연합국이 그랬던 것처럼 완벽한 제공권 장악이 필수였다.

미국의 대응

1940년 봄과 초여름에 서유럽에서 벌어진 극적인 사건들은 미국에도 큰 영향을 끼쳤다. 그해 대통령 선거를 앞둔 프랭클린 루스벨트는 그전에 밝힌 뜻과 달리 3선에 도전하기로 했다. 또한 그 이전이나 이후의 관례와 달리, 저명한 공화당원을 정부 고위직에 앉혀 일종의 연립정부를 만들었다. 미국의 중립법은 최소한의 수정만 이루어졌고 격렬한 논쟁이 이어졌지만 이런 상황은 지속될 터였다. 1938년 말 루스벨트 대통령은 제대로 된 공군력 구축을 요구했다. 대서양과 태평양 양쪽에서 위협에 직면하자 의회에 '2개 대양해군(two-ocean navy)'을 위한 예산을 요청했고, 1940년 7월에 투표가 진행되었다. 그해 가을 의회의 다수가 소규모 병력이 아닌 상당한 규모의 군사력이 필요하다는 데 동의했고, 사상 처음으로 평시 징병을 실행했다. 이때 모은 병력은 1년 뒤 거의 해체되었지만, 최소한의 현대식 무기의 수를 늘리고 확보하기 시작했다. 프랑스와 영국은 미국 공장에 군용 장비를 대량으로 주문했고, 영국은 프랑스의 계약을 넘겨받았다. 수정된 중립법의 '현금 지급 후 인수(cash and carry)' 조항에 따른 것이었지만, 장비 공급이 증가하면서 영국의 현금보유고가 급격히 감소했다. 결국 그해 말에 처칠은 루스벨트에게 이런 상황을 호소했고, 여기에 응답한 루스벨트의 무기대여법이 1941년 3월 미국 의회에서 통과되었다.

일부 미국 각료들의 의견과 달리 루스벨트 대통령은 영국이 1940년 여름 독일의 공세를 견뎌낼 것으로 확신했고, 법이 허용하는 범위 내에서 영국에 대한 지원을 아끼지 않았다. 미국은 1차대전에서 사용하고 남은 무기 중 여유분을 영국에 보내주었다. 이런 무기는 영국군 향토방위대를 무장하는 데 도움이 되었다. 또한 미국은 서반구에 있는 영국 속령을 99년간 빌리는 대신에 노후화된 구축함 50척을 영국에 주기로 했다.

이런 조치는 영국인들에게 국가가 큰 위험에 처한 시기에 안보를 튼튼히 할 수 있는 방안으로 보였다. 미국에서는 이 문제뿐 아니라 관련 이슈를 놓고 여러 격론이 벌어졌지만, 1940년 11월 미국 유권자들은 루스벨트에게 전례 없는 3선 임기를 보장해주었다. 1940년 영국을 무너트리려는 독일의 활동으로 인해 일부 미국인들은 영국에 대한 지원을 긍정적으로 바라보게 되었다. 미국인들은 뉴스 영화나 라디오 보도를 통해 독일이 런던을 괴멸시키려 한다는 사실을 접할 수 있었다.

독일군의 승리는 군사 분야의 새로운 결정으로 이어졌을 뿐 아니라 독일 국내 상황에도 큰 영향을 끼쳤다. 내부적으로 가장 큰 효과는 나치 정권에 대한 국민들의 전폭적 지지였다. 제1차세계대전 당시 서유럽에서 길고 피비린내 나는 싸움을 벌인 기억이 생생한 터에 상대적으로 적은 피해로 신속하고 완벽한 승리를 거둔 것은 나치 정권의 공으로 돌아갔다. 이처럼 대중에게 영향을 끼쳤지만 독일군에도 영향을 끼쳤다. 히틀러는 은밀하게 육해공군 고위 장성들에게 많은 뇌물과 비과세 수당을 주었고, 프랑스를 상대로 승리한 뒤에는 장군과 제독들을 진급시켜서 자신의 판단을 신뢰하게 했다. 제2차세계대전의 나머지 기간에 독일인의 단합은 이런 나치 정권에 대한 엄청난 지지 없이는 이해할 수 없고, 승리에 따른 열광을 아돌프 히틀러 개인과 동일시함으로써 나치 정권에 대한 지지는 더욱 강화되었다.

독일의 소련 침공 결정

히틀러와 프란츠 할더 육군 참모총장은 프랑스와의 강화를 맺기도 전에 소련 침공을 계획하기 시작했다. 서유럽에서의 승리는 동쪽의 소련으로부터 생활공간을 빼앗는 데 필요한 전제조건이었고, 애초에 1940년 가을 소련 침공을 개시해 해를 넘기기 전에 전쟁을 끝낼 수 있을 것이라고 예상했다. 이 문제는 뒤에 가서 더 자세히 다루겠지만, 독일 지휘부는 영국의 지속적인 저항을 상대해야 했다. 독일은 병력 수만 명과 말 수천 마리를 동원해 지정된 해변으로 상륙하는 영국 남부 해안 침공 작전을 수립했다. 체포자 명단을 만들고 런던의 치안을 담당할 인물도 지정했다. 독일 공군은 제공권을 장악할 예정이었다.

훗날 영국 본토 항공전이라고 불린 이 싸움은 1940년 6월 말부터 9월 초까지 실시되었다. 독일로서는 처음 겪는 대규모 패배였다. 양쪽 모두 큰 피해를 입었지만, 국민들의 지지를 받은 영국 공군은 지나친 요구를 들어주면서까지 성급하게 평화를 선택할 수는 없었다. 다우딩 원수의 지휘를 받은, 그리고 레이더·대공감시원·방공포의 지원을 받은 영국 공군 전투기는 확실히 1940년 9월 중순까지도 전력을 유지했다. 그 이후로 영불해협의 날씨는 독일군이 침공을 시도하기에는 너무 나빴다. 그해 침공이 무산되자, 독일 공군은 겨울 내내 영국 도시에 대한 공습을 실시했다. 상당한 피해를 입히고 사상자를 낳았지만 영국인의 사기를 꺾지는 못했다. 오히려 조직을 가다듬고 재무장하던 영국군의 전의를 북돋았다. 영국군은 독일군이 장악한 해안을 급습하기 위해 코만도 부대를 창설했다. 우선은 해안에서 침공을 준비하던 독일군 병력을 공격하고 다음에는 독일 본토의 목표를 폭격하기 위해 머리 위로 날아다니는 영국군 항공기를 보면서, 독일이 점령한 지역에 살던 일부 주민 사이에는 전세 역전이 가능하다는 분위기가 생겨났다.

독일의 영국 본토 항공전 패배가 히틀러로 하여금 1941년 영국 침공을 미루게 했다면, 다음과 같은 문제들이 1940년 히틀러의 소련 침공을 미루게 했을 것이다. 대규모 독일군 병력이 서부에서 독일 동부와 이미 점령된 폴란드 지역으로 이동해야 했다. 장비는 수리하고 추가로 확보해야 했다. 서부 유럽 전역에서 발생한 사상자를 조치하고 항공기, 전차를 비롯한 무기도 교체하거나 수리해야 했다. 대규모 병력이 주둔하고 동쪽으로 진격할 군대에 물자를 공급해야 할 동부 지역에서는 운송 및 저장 시설도 꼭 개선해야 했다. 1940년 7월 말에 이런 필수적인 준비가 완료되었다. 하지만 1940년 한 계절 동안 전역을 실행하기에는 겨울이 임박했기 때문에 히틀러는 1941년 봄으로 미루는 것을 승인했다. 예상된 독일군의 신속한 승리는 영국의 사기를 꺾는 한편 동아시아에서 일본이 행동에 나서도록 부추기고, 그에 따라 독일이 유럽을 공격할 준비를 마칠 때까지 미국의 주의를 딴 데로 돌릴 수 있을 터였다. 독일의 동부 전역 계획은 1940년 8월까지 착착 진행되었는데, 이에 대해서는 제4장에서 다루겠다. 1940년 8월 독일의 이같은 준비에 따른 외교적 입장도 국제 정세에 영향을 끼쳤다. 독일은 핀란드에 대한 정책을 수정했다. 이제는 핀란드를 흡수하는 대신에 소련 공격 때의 지원을 기대했다. 독일은 헝가리와 루마니아 사이의 영토 분쟁도 해결했다. 그 결과 루마니아의 영토를 보장하고 독일군을 파병했으며, 대신에 루마니아가 소련 침공에 참여할 것을 기대했다.

독일의 정책 변화를 눈치챈 소련 지도부는 11월에 새 협정을 맺기 위해 외무장관 뱌체슬라프 몰로토프를 베를린에 보냈다. 회담에서는 아무런 결과도 도출되지 않았지만, 스탈린은 여전히 독일이 소련을 공격할 의향이 있다고 보지 않았다. 소련군 정보부대가 확보한 1940년 12월의 히틀러의 침공 지령이나 독일 내 히틀러의 정적이 미국에 제공해 루스벨트가 1941년 2월 스탈린에게 넘긴 침공 계획 요약문서도 무시되었다. 스탈린은 주요 물자를 계속 독일에 제공했고, 소련군에 대비태세 강화 지시도 하지 않았다. 1940년 10월에 시작된 독일의 소련 영공 정찰에도 개의치 않았다.

아프리카와 중동에서의 전쟁

독일군이 영국 본토를 폭격하고 소련 공격을 준비하는 동안 무솔리니는 소규모 이탈리아군을 아프리카에서 이동시켰다. 북동아프리카에서 이탈리아군은 영국의 작은 식민지인 영국령 소말릴란드를 점령했다. 하지만 그뒤로 에리트레아 주둔 이탈리아군, 이탈리아령 소말릴란드, 이탈리아 점령 에티오피아는 1941년 2월 케냐에서 시작된 영국군의 공격을 막을 수 없었다. 이탈리아군은 싸움에서 지고 포로가 되거나 고립된 주둔지에 포위되었다. 망명해 있던 에티오피아 황제 하일레 셀라시에는 수도 아디스아바바로 되돌아왔다. 1941년 4월 루스벨트는 홍해가 더이상 전쟁 수역이 아니라고 천명했다. 이집트 주둔 영국군의 물자를 실은 미국 선박은 아프리카 남단의 희망봉 근처를 돌아 수에즈 운하에서 하역할 수 있었다. 이 무렵에 루스벨트 대통령은 중동 주둔 영국군을 지원하기 위해 아프리카 서해안에 있는 가나의 타코라디에서부터 드골 편에 선 프랑스 식민지를 가로지르는 항공 보급로를 확보했다.

그사이 이탈리아는 또다른 일련의 패배를 당했다. 독일은 무솔리니에게 발칸 지역을 가만히 두길 원한다고 확실히 밝혔다. 무솔리니는 독일군이 루마니아로 이동한다는 것을 알게 되었을 때, 독일이 그렇게 함으로써 그 지역에서의 주요 역할을 선점할 수 있었다고 결론지었다. 그게 소련이나 이탈리아가 되었어도 마찬가지였다. 이탈리아의 역할을 주장하기 위해 무솔리니는 1940년 10월 말에 그리스 침공을 명령했다. 독일이 루마니아 침공 당시 이탈리아와 협조하지 않은 것과 마찬가지로 이탈리아도 그리스 침공시 독일의 의사를 묻지 않았다. 두 사건에는 차이점이 있었다. 루마니아인은 소련에 양보한 땅, 그리고 약간 더 많은 땅을 얻기 위해 독일과 함께 소련에 맞서 싸우려 했던 반면, 그리스는 독립을 유지하기 위해 이탈리아와 싸웠던 것이다. 그리스군은, 1941년 3월에 그리스 남부 마타판곶 해전에서 이탈리아 함대를 격퇴한 영국군의 지원을 최소한으로 받으며 이탈리아군을 상대로 선전했고, 결국 이탈리아군을 이탈리아가 1939년에 점령한 알바니아로 내쫓았다. 북아프리카에 주둔하던 이탈리아군도 격퇴당했다.

리비아 주둔 이탈리아군도 그리스를 침공한 부대만큼이나 엉터리로 지휘를 받고 준비도 엉망이었다. 이탈리아군은 이집트 방향으로 짧게 진격한 뒤 영국군이 전력을 가다듬는 동안 그 자리에 머물렀다. 처칠은 영국 본토의 위험에도 불구하고 이집트에 증원 병력과 장비를 보내자고 주장했다. 1940년 11월 11일 영국군 항공기는 이탈리아 남부 타란토항에서 이탈리아 전함 여러 척에 피해를 입힘으로써 지중해에서 이탈리아 해군의 활동을 방해했다. 12월 9일 영국군은 이집트 주둔 이탈리아군을 공격해 격퇴했고, 이집트-리비아 국경 방향으로 약 100킬로미터를 진격했다. 이듬해 1월 초 영국군은 재공격에 나서 2월에는 리비아 해안 소도시 베다폼에서 이탈리아군을 괴멸시키며 10만 명이 넘는 병력을 사로잡았다. 영국군은 엘아게일라에서 결과적으로는 일시적일 수 있는 진격 중단을 했다. 이탈리아군의 패배에 대한 독일의 대응으로 인해 영국이 1941년 리비아의 나머지 지역을 점령할 가능성은 사라졌다. 결국 영국군이 독일군에 대응하면서 이탈리아군이 위기를 모면하기 시작했다.

그리스와 아프리카에서 이탈리아의 군사 행동이 실패로 돌아가면서 독일군 지휘부는 두 가지 실질적인 문제에 직면했다. 이탈리아 식민지 전체가 싸움에서 지면(그럴 가능성이 점점 높아 보였다), 무솔리니 정권이 전복될 수 있었다. 히틀러는 이런 상황을 크게 우려해서 원정군을 리비아로 보내는 애초의 방안을 재검토했다. 그전에는 거부했던 무솔리니를 이번에는 받아들였다. 이것이 바로 히틀러가 가장 아끼는 장군 중 하나인 에르빈 롬멜의 독일군 아프리카 군단이 창설된 배경이다. 1941년 2월 아프리카 군단은 리비아 방어를 지원하고 이집트로 진격하기 위해 파견되었다.

독일이 보기에 이탈리아가 처한 또다른 위험은 그리스 기지에서 출격한 영국 공군 항공기가 독일의 전쟁 활동에 긴요한 루마니아의 유전을 공격할 가능성이었다. 독일 입장에서 이에 대한 최선책은 독일군이 불가리아와 유고슬라비아 남부에서 그리스를 공격하는 것이었다. 이탈리아의 침공을 막기 위해 그리스가 병력을 옮겨서 비워둔 바로 그 국경지역 말이다. 독일이 불가리아의 동의를 얻는 것은 쉬워 보였고 실제로도 그랬다. 대신에 불가리아는 1차대전 뒤 잃었던 에게해 해안으로 접근할 수 있는 그리스 영토 제공을 약속받았다. 잠시나마 독일은 유고슬라비아와도 합의할 수 있을 것처럼 보였지만, 1941년 3월 27일 수도 베오그라드에서 벌어진 쿠데타로 무산되었다. 독일과 합의한 정부가 쿠데타로 전복된 것이다. 결과적으로 히틀러는 그리스뿐 아니라 유고슬라비아도 침공하기로 결정했다.

1941년 4월 6일 일요일, 독일군은 베오그라드에 대한 대규모 폭격과 유고슬라비아 및 그리스에 대한 신속한 진격으로 군사 행동에 돌입했다. 유고슬라비아 침공은 국가 점령뿐 아

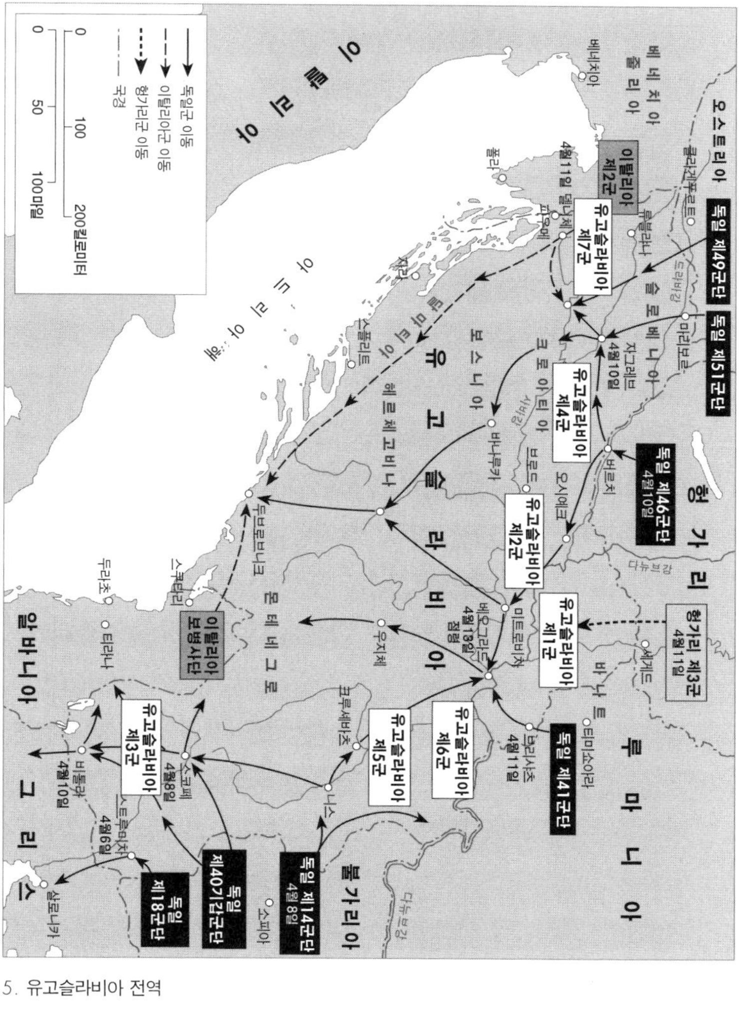
오스트리아
헝가리
루마니아
유고슬라비아
불가리아
그리스
알바니아
이탈리아
아드리아 해
베네치아 줄리아
슬로베니아
크로아티아
보스니아
헤르체고비나
달마티아
바나트
몬테네그로
독일 제49군단
독일 제51군단
독일 제46군단
4월10일
헝가리 제3군
4월11일
독일 제41군단
독일 제14군단
4월8일
독일 제40기갑군단
독일 제18군단
이탈리아 제2군
이탈리아 보병사단
유고슬라비아 제7군
유고슬라비아 제4군
유고슬라비아 제2군
유고슬라비아 제1군
유고슬라비아 제6군
유고슬라비아 제5군
유고슬라비아 제3군
베네치아
폴라
클라겐푸르트
류블랴나
마리보르
자그레브
4월10일
피우메
4월11일
자라
스플리트
바냐루카
오시예크
브로드
두브로브니크
스쿠타리
두라초
티라나
우지체
베오그라드
4월13일 점령
세게드
티미쇼아라
크루셰바츠
니스
스코피에
4월8일
스트루미차
4월6일
비톨라
4월10일
살로니카
소피아
다뉴브강
드라바강
독일군 이동
이탈리아군 이동
헝가리군 이동
국경
0 100 200킬로미터
0 50 100마일

5. 유고슬라비아 전역

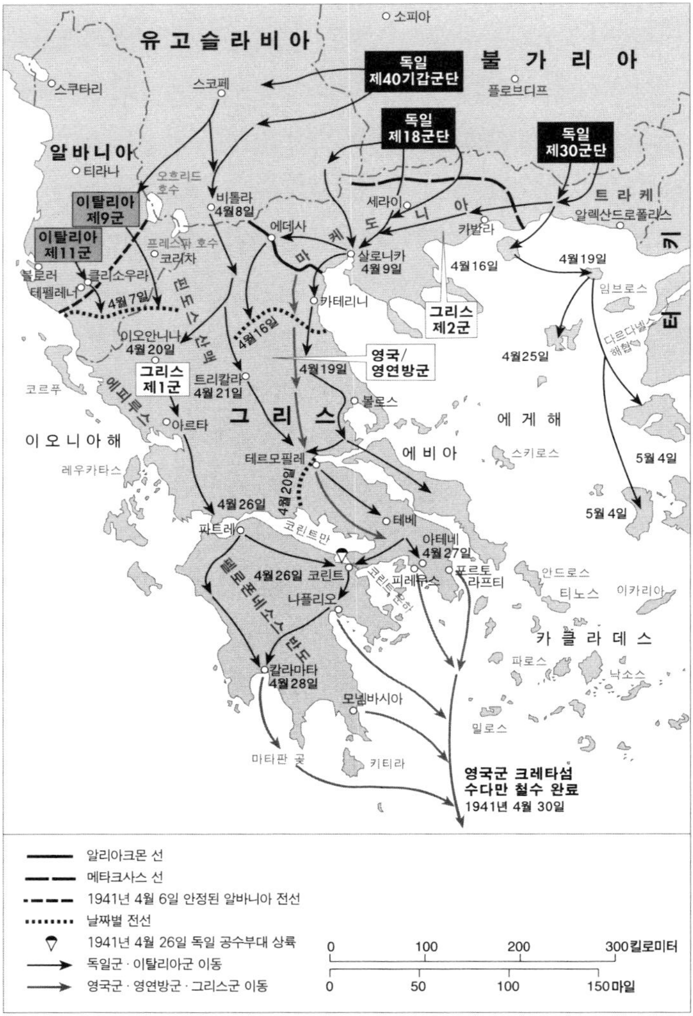

소피아
유고슬라비아
독일 제40기갑군단
불가리아
스쿠타리
스코페
플로브디프
독일 제18군단
독일 제30군단
알바니아
티라나
오흐리드 호수
비톨라 4월 8일
세라이
트라케
이탈리아 제9군
에데사
마케도니아
카발라
알렉산드로폴리스
이탈리아 제11군
프레스파 호수
코리차
살로니카 4월 9일
4월 16일
4월 19일
클리소우라
테펠레니
4월 7일
핀도스 산맥
카테리니
임브로스
그리스 제2군
이오안니나 4월 20일
4월 16일
다르다넬스 해협
4월 25일
영국/영연방군
그리스 제1군
트리칼라 4월 21일
4월 19일
코르푸
볼로스
에피루스
아르타
그리스
에게해
이오니아해
레우카타스
테르모필레
에비아
스키로스
5월 4일
4월 20일
4월 26일
5월 4일
파트레
테베
코린트만
아테네 4월 27일
4월 26일 코린트
피레우스
포르토 라프티
안드로스
티노스
이카리아
코린트운하
나플리오
펠로폰네소스 반도
카클라데스
파로스
낙소스
칼라마타 4월 28일
모넴바시아
밀로스
마타판 곶
키티라
영국군 크레타섬 수다만 철수 완료 1941년 4월 30일
알리아크몬 선
메타크사스 선
1941년 4월 6일 안정된 알바니아 전선
날짜별 전선
1941년 4월 26일 독일 공수부대 상륙
독일군·이탈리아군 이동
영국군·영연방군·그리스군 이동
0 100 200 300킬로미터
0 50 100 150마일

6. 발칸 전역

니라 1차대전 때 벌어진 것처럼 유고슬라비아군이 남쪽으로 후퇴하는 상황을 막기 위해서였다. 독일군의 작전은 성공적이었다. 독일은 싸움을 조기에 끝내기 위해 (독일 역시 한 부분을 병합한) 영토 일부를 이탈리아, 헝가리, 불가리아에 넘겨준다고 제안함으로써 이들 국가를 끌어들였다. 하지만 싸움은 독일이 기대한 만큼 조용히 끝나지 않았고, 이후에도 독일군과 이탈리아군은 저항 세력을 상대하기 위해 병력을 주둔시켜야 했다. 독일군은 또 그리스 북부로 진격해 그곳에 파견된 소규모 영국군을 내쫓는 데 성공했다. 독일은 항공 우세와 기갑부대의 신속한 진격, 주요 지점에 대한 공수부대의 지원으로 비교적 단시간에 성공적으로 그리스 전지역을 점령할 수 있었다.

그리스 점령은 크레타섬 공격 가능성을 열었다. 독일은 수상함과 공수부대의 협공으로 영국군의 만만찮은 저항을 잠재우는 데 성공했다. 영국은 또다시 병력을 철수시켜야 했지만 독일군 공수부대에도 사상자가 엄청나게 발생해, 이후 전쟁 기간에 더이상의 공수 작전 지시는 없었다. 독일과 이탈리아의 몰타섬 공격은 영국 공군과 잠수함 기지에 심각한 타격을 주었다. 하지만 독일군이 점령 지원을 위해 공수부대를 투입하지 않은 사실은, 추축국의 계획상 실행할 수 없는 일임을 의미했다. 몰타섬에 대한 재보급과 재무장을 위한 호송선단은 상당한 피해를 입었지만, 몰타섬은 지중해에서 영국군에 작전 수행을 위한 기지 역할을 지속적으로 해주었다.

잠시나마 해당 전구(theatre: 단일 군사 전략 목표를 달성하기 위해 지상·해상·공중 작전이 실시되는 지역—옮긴이)의 모든 것이 추축국의 손에 떨어질 것처럼 보였다. 롬멜은 3월 말에 리비아를 공격해서 서둘러 영국군을 이집트로 후퇴시켰다. 토브룩항을 빼앗지 못한 롬멜은 영국이 그리스와 크레타에서 철수한 부대를 재조직하는 동안 진격을 멈췄다. 영국군은 6월 중순에 실시된 '배틀액스' 공세에서 롬멜의 독일-이탈리아 연합부대를 격퇴시킬 수 없었다. 한편, 4월에 이라크에서 일어난 친추축국 반란은 주로 인도에 주둔하는 영국군에 의해 5월에 진압되었다. 이라크 지도자 라쉬드 알리 알가일라니는 팔레스타인의 아랍 민족주의자인 하즈 아민 알후세이니처럼 독일로 도망갔다. 라쉬드 알리 알가일라니는 중동에서 영국을 내쫓는 데 필요한 지원을 기대했지만 독일이나 이탈리아의 지배가 영국의 지배보다 더 가혹할 수도 있다는 사실을 전혀 알지 못했다. 독일이 이라크의 반란 세력에 제공할 수 있는 작은 지원은 비시 정부가 독일을 도울 수 있는 일이라면 무엇이든 하는 프랑스 위임통치령인 시리아를 통해 제공되었다. 이 일 때문에 영국군은 6월 8일 시리아를 침공했다. 이전 전쟁에서 독일군에 의해 격퇴된 것과 달리, 시리아에 주둔한 프랑스군은 7월 14일 휴전 때까지 호주군, 영국군, 자유프랑스군, 인도군에 맞서 잘 싸웠다. 작전상 곧이어 진행할 소련 침공에 집중하던 독일군은 제대로 된 지원을 할 수 없었다. 독일군의 계획상 중동 지역 장악은 소련을 침공한 뒤에 진행할 예정이었다. 영국은 이 지역에 대한 독일군의 대규모 공세가 임박하지 않다는 것이 분명해지자 시리아를 드골에게 넘겼다. 이라크와 시리아에서 영국군의 승리가 가져온 중요한 효과는 소련으로 가는 남부 보급로가 된 지역이 연합국의 손에 떨어졌다는 점이었다. 그렇지 않았더라면 남쪽에서 캅카스를 위협하는 추축국의 기지가 되었을 터였다.

제 4 장

바르바로사 작전: 독일의 소련 침공

소련 침공 계획과 홀로코스트

독일은 소련 침공 계획을 1940년 여름에 수립하기 시작했다. 하지만 히틀러가 판단하기에 그해 겨울이 시작되기 전 끝낼 것이라고 예상했던 단기 전역에 대한 준비를 충분히 할 수 없다는 것이 분명해졌다. 1940년 7월 31일 히틀러는 독일군 수뇌부에 1941년 봄을 기해 소련을 침공한다고 통보했다. 동프로이센과 독일 점령 폴란드에서의 보급 · 수송의 개선뿐 아니라 서유럽으로부터 동부로 병력을 옮기는 실질적인 전쟁 준비가 즉각 이루어졌다. 1940년 여름과 가을, 그리고 1941년 초에 독일군 수뇌부의 전쟁 계획은 여러 가지 가정을 기반으로 했는데 그 대부분이 오류였던 것으로 드러났다.

우선 독일은 소련과의 전쟁이 1941년에서 1942년 사이의 겨울이 오기 전에 끝날 것으로 보았다. 그리고 초반의 치명적인 공격으로 소련 정권이 완전히 몰락할 것으로 예상했다. 그러나 1939년에서 1940년 사이의 겨울에 핀란드군을 상대로 보여준 소련군의 실망스러운 전투력은, 소련군의 대규모 병력이 악조건 속에서 싸움을 지속했을 뿐 아니라 독일과 그 동맹이 상대할, 이전에는 과소평가된 소련군 전력이 이제는 한층 강력해진 사실을 가렸다. 게다가 소련군 방문단이 독일군 4호 전차가 생산되는 공장을 둘러보는 동안 '대형' 전차가 생산되는 현장을 보여달라고 요청했을 때 무언의 암시가 있었음에도 불구하고, 독일은 당시 독일 국방군이 보유한 전차 중 가장 큰 4호 전차가 소련군 기갑 및 보병을 상대로 하는 싸움에 충분히 대응할 것이라고 판단했다. 독일과 독일 점령 지역이 보유한 다수의 트럭 외에 노획한 프랑스 전차, 징발한 체코슬로바키아 전차도 상당한 규모로 동원할 예정이었다. 독일군은 많지도 않고 대체로 상태가 좋지 않은, 장거리를 이동해야 하는 작전에 필요할지도 모르는 온갖 종류의 기갑차량이나 트럭을 위한 예비 부품과 수리 장비 같은 보급 문제에는 큰 관심을 기울이지 않았다. 소련을 조기에 제압한 뒤 중동으로 진출할 생각이어서 보충용 전차는 소련군을 물리친 뒤에야 동부에 있는 부대에 보낼 예정이었고, 따라서 이런 전차는 사막 위장용 칠이 되어 있었다.

소련 침공을 위한 외교적 준비에는 핀란드와 루마니아를 독일 편으로 끌어들이는 일이 포함되었다. 두 나라는 소련에 양보해야 했던 영토를 되찾으려 했고, 소련이 싸움에서 질 경우 소련 영토의 일부를 얻고 싶어할 것이라는 독일의 추측은 옳았다. 중립국인 스웨덴은 독일이 점령한 노르웨이를 독일군이 오가는 것뿐 아니라 핀란드-소련 전선의 북쪽 끝에서 침공에 나설 때에도 자국 영토를 지나가는 것을 허용했다. 발트 3국을 통과해 레닌그라드로 진격하는 독일 북부집단군이 그 전선과 조우할 예정이었다. 한편, 더 큰 규모의 중부집단군은 전선 중심부와 모스크바 너머까지 공격하고, 남부에서 상당한 규모의 루마니아군의 지원을 받는 남부집단군이 농공자원이 풍부한 우크라이나와 유전이 있는 캅카스 지역을 점령할 예정이었다.

히틀러는 다가올 전역에서 루마니아의 임무를 협의하기 위해 루마니아의 이온 안토네스쿠 원수에게 침공의 주요 목적을 직접 설명했다. 1941년 6월 12일 열린 회담에서 루마니아군과 독일군이 점령한 땅에 거주하는 유대인 다수를 어떻게 처리할 것이냐는 질문이 나오자, 히틀러는 제거할 것이라고 답했다. 이 회담을 즈음해 이런 임무를 수행할 부대를 조직하고 육성하기 위한 준비가 대대적으로 진행되고 있었다. 독일 치안경찰의 특수 임무 부대와 군복을 입은 '질서경찰(order police)'을 비롯한 부대가 독일 국방군을 따라가서 소련에 거주하는 모든 유대인을 조직적으로 학살할 예정이었다. 침공 전력의 신속한 진격으로 인해 이 일에는 지역별 변수와 문제가 발생하게 된다. 하지만 히틀러와 육군 참모총장 할더가 보기에 성공적인 전역에서 육군의 전폭적인 지원으로 7월 말에 히틀러는 이런 조직적 학살 계획을 유럽 전체로 확대하기로 결정했다. 10월에 재개된 진격은 히틀러가 급진적인 아랍 지도자 하즈 아민 알후세이니로 하여금 11월에 학살 계획이 전 세계로 확대될 것임을 확신시키는 데 모종의 역할을 했을 것이다(1941년 10월 알후세이니는 독일을 방문해 히틀러를 만나서 히틀러의 반유대주의 정책에 적극적인 지지를 표명했다. 당시 아랍 독립운동가들에게 나치 독일은 기존 제국주의 열강에 대항하는 나라로 비쳤다—옮긴이).

독일, 소련을 침공하다

1941년 6월 22일 이른 시각에 독일군은 소련을 공격했다. 300만 명이 넘는 병력과 말 60만 마리, 루마니아와 핀란드의 병력 50만 명이 동원되었다. 독일 공군이 소련 공군 기지를 공격했고, 소련군 항공기는 이륙도 못한 채 개전 초 며칠 만에 수천 대가 파괴되었다. 독일은 전역 초기 단계에 제공권을 장악했다. 스탈린의 실수 때문에 초기 승리는 쉽게 거머쥘 수 있었다. 소련군은 1937~39년에 베테랑 장교들을 숙청했고, 그 때문에 모든 계급에서 숙련되고 경험이 있는 장교들이 남아 있지 않았다. 게다가 땅을 잃을 것을 우려해 병력을 전선 인근에 집중적으로 배치하는 바람에 포위 공격에 취약했다. 1939~40년의 병합을 통한 소련의 서부 영토 확장은 기존의 요새는 방치하는 반면에 새로운 요새를 건설하는 데는 시간이 충분하지 않았다는 것을 의미했다. 따라서 병합이 소련의 방어 능력을 강화하기보다는 오히려 약화시켰다. 스탈린은 소련군 자체 정보나 미국 및 영국 정부가 제공한 정보를 믿지 않으려 했다. 침공 수개월 전에 실시된 독일의 소련 영공 항공 정찰이 저지되지 않았고, 독일군의 최초 지상 공격 역시 스탈린이 독일군의 보복 공격을 우려한 탓에 여러 지역에서 아무런 반격도 받지 않았다. 이런 상황에서 독일군 기갑부대는 전선 중부와 북부에 있는 소련군의 주요 부분을 신속하게 돌파했다. 소련군 수만 명이 항복했고 장비 다수가 독일군의 손에 넘어갔다. 초기에 벌어진 일련의 싸움에서 독일군이 이겼기 때문에 히틀러와 독일군 참모총장 할더는 동부 전선에서 첫 6주 만에 거의 승기를 잡았다는 인상을 받게 되었다.

독일군이 1차 공격에서 거둔 전술적 성공은 인상적이었다. 하지만 첫 두 달간의 싸움에서 나타난 여러 특징은 이미 다른

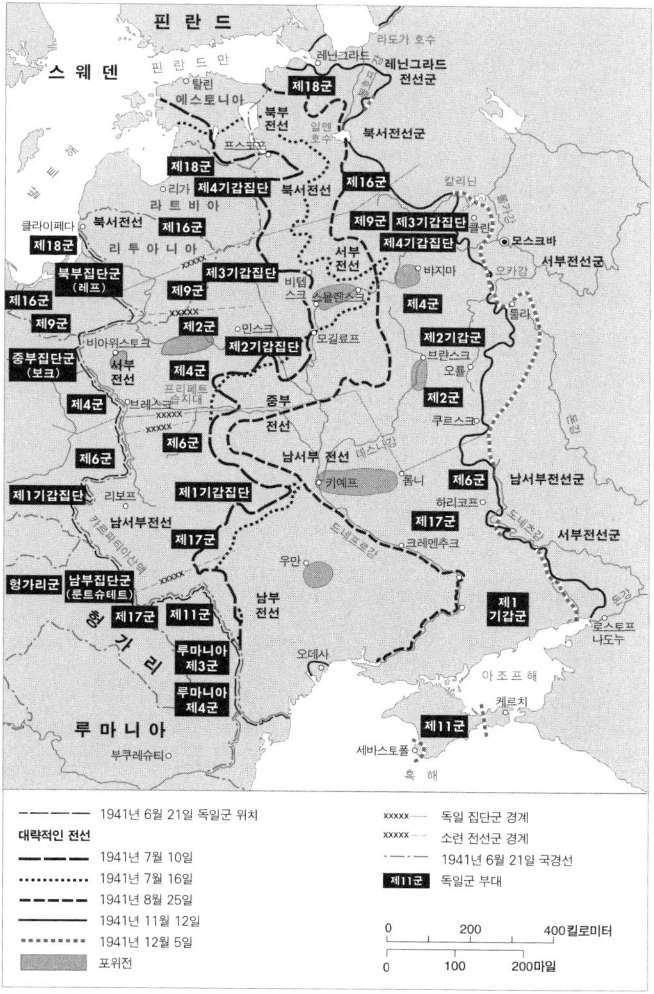

핀 란 드
스 웨 덴
핀 란 드 만
라도가 호수
레닌그라드
레닌그라드 전선군
탈린
에스토니아
북부 전선
일멘 호수
북서전선군
프스코프
발 트 해
리가
라 트 비 아
북서전선
칼리닌
클라이페다
리 투 아 니 아
클린
모스크바
서부 전선
바지마
오카강
서부전선군
북부집단군 (레프)
비텝스크
스몰렌스크
툴라
민스크
모길료프
비아위스토크
브랸스크
오룔
중부집단군 (보크)
서부 전선
프리페트 습지대
브레스트
중부 전선
쿠르스크
남서부 전선
데스나강
키예프
롬니
남서부전선군
리보프
하리코프
남서부전선
드네프르강
크레멘추크
서부전선군
카르파티아산맥
우만
형가리군
남부집단군 (룬트슈테트)
남부 전선
헝 가 리
오데사
로스토프 나도누
아 조 프 해
케르치
루 마 니 아
부쿠레슈티
세바스토폴
흑 해
제18군
제4기갑집단
제16군
제9군
제3기갑집단
제2군
제2기갑집단
제4군
제6군
제1기갑집단
제17군
제11군
루마니아 제3군
루마니아 제4군
제1 기갑군
1941년 6월 21일 독일군 위치
대략적인 전선
1941년 7월 10일
1941년 7월 16일
1941년 8월 25일
1941년 11월 12일
1941년 12월 5일
포위전
xxxxx 독일 집단군 경계
xxxxx 소련 전선군 경계
1941년 6월 21일 국경선
제11군 독일군 부대
0 200 400킬로미터
0 100 200마일

7. 바르바로사

결과를 시사했다. 그러나 독일군 지휘부 인원 누구도 그런 사실을 깨닫지 못했다. 기술적 측면에서 소련군에는 KV-1과 T-34 전차가 등장했다. 독일군 전차 중 이런 소련군 전차보다 성능이 앞선 전차는 없었다. 그해 가을 독일에서는 성능이 더 좋은 전차를 생산해서 배치하라는 명령이 떨어졌지만 신형 5호 전차 판터와 6호 전차 티거는 1942년 말까지도 작전에 투입되지 못했고 1943년까지도 수량이 충분하지 못했다. 병력 측면에서는 독일군이 많은 포로와 그보다 더 많은 민간인을 학살한 사실이 지속적인 저항 의지를 불러일으키는 가운데 소련군이 대체로 끈질기게 싸웠고 때로는 농촌 지역에 숨어 있었던 사실을 독일군은 눈치채지 못했다. 정치적 측면에서는 남은 전쟁 기간에 결정적 사실이 될 것이 있었다. 즉, 나폴레옹을 상대한 러시아 황제 알렉산데르 1세와 같이, 그리고 1차대전시 니콜라이 2세나 임시정부와는 달리, 소련 정권은 비점령 지역에 대한 효과적인 통제를 유지했다. 이런 사실은 새로운 사단을 동원해 전장에 투입할 수 있고, 일부 공장을 비우고 대피하는 동안 우랄 지역의 기존 공장에서 계속 무기를 생산할 수 있으며, 여러 해가 지나는 동안 모든 손실분을 보충할 수 있다는 것을 의미했다. 심지어 독일의 무기 생산 능력이 감소하는 동안에도 그럴 수 있었다.

개전 첫 달인데도 독일군과 그 동맹국군이 전선 북쪽과 남쪽 끝에서 격렬한 저항에 부딪쳤다는 점에도 주목해야 한다. 북부에서 소련의 무르만스크항을 점령할 예정이었던 독일군은 작전에 실패했다. 역설적이게도 무르만스크에서 서쪽으로 상당히 떨어진 지점, 즉 두 나라가 동맹이었을 때 소련이 독일 해군에 기지 구축을 허용했던 바로 그곳에서 작전이 멈췄다. 게다가 핀란드군은 1940년 3월에 맺은 강화협정에 따라 소련에 양보한 영토를 통과해 진격했음에도, 무르만스크에서 러시아 내륙으로 이어지는 철로를 차단할 수도 없고 레닌그라드로 향하는 독일군과 조우할 수도 없었다. 전선의 남쪽 끝에서 루마니아군과 독일군은 약간 진격했지만, 어느 쪽도 히틀러가가 원했던 만큼 소련군을 괴멸시키거나 우크라이나 쪽으로 밀어붙이지 못했다.

독일 북부집단군은 리투아니아, 라트비아, 에스토니아 대부분을 장악할 수 있었지만, 레닌그라드 진격은 소련군의 저항에 부딪쳐 더디게 진행되었다. 히틀러는 레닌그라드를 완전히 파괴하려 했기 때문에 시가전을 벌일 마음이 없었다. 도시를 포위해서 레닌그라드 시민과 수비대를 굶겨죽이길 원했다. 이윽고 레닌그라드는 차단되어서 많은 사람들이 기아에 허덕이게 되지만 라도가 호수를 통해 (겨울에는 빙판길을 통해) 일부 물자가 공급되어, 1944년 1월 포위 상황에서 벗어날 때까지 견뎌냈다.

중부 전선에서 독일군은 두 차례 대규모 돌파를 하고 포위 전투를 벌였으며, 전선을 스몰렌스크 너머로 밀어붙였다. 하지만 점차 진격을 중단함에 따라 소련군은 다시 연결된 전선을 구축했다. 독일군 병력이 지치고 부분적으로는 기갑부대와 기계화 부대의 장비가 마모되고 파괴되었기 때문이다. 소련군은 상당수 병력을 증원했을 뿐 아니라 일부 지역에서는 반격을 해서 독일군의 진격을 저지하거나 옐냐 같은 곳에서는 후퇴시키기도 했다. 독일군이 모스크바로 향하는 새로운 대공세를 펼치려면 이전 4개월 동안 다 써버린 대량의 보급 물자를 확보하기 위해 철도와 도로를 반드시 보수해야 했다. 게다가 남부 전선에 있는 독일군과 루마니아군이 중부 전선에서처럼 성공적으로 진격하지 못했기 때문에, 모스크바로 진격할 경우 측면 공격의 위협이 있었다. 더 깊이 들어갈수록 측면이 더 취약해졌다. 중부 전선에서 불가피하게 진격이 지연되는 상황에서, 히틀러는 남부집단군이 북쪽으로 공격해 합류할 수 있도록 중부집단군에 남부 공격을 지시했다. 키예프 전투라고 불리는 이같은 작전 상황에서, 소련은 스탈린이 군부의 철수 건의를 무시하는 바람에 키예프와 우크라이나 농공 지대 대부분을 독일에 넘겨줬을 뿐 아니라 소련군 수백만 명이 죽었다.

10월경 독일이 모스크바에 대한 대공세를 준비하는 동안 두 국가의 지원이 시작되었다. 우선 헝가리가 독일 편으로 참전해서 소규모 병력을 보냈는데, 그 이유는 주로 루마니아가 독일측에 너무 중요해질 것이 두려워서였다. 무시당하는 걸 원치 않던 무솔리니도 남부 전선에 이탈리아의 여러 사단을 파견해 독일군을 거들게 했다. 크로아티아와 슬로바키아 괴뢰 정부도 파견 부대를 보냈고, 스페인의 독재자 프란시스코 프랑코는 '청색사단'이라는 부대를 보냈다. 청색사단은 북부 전선에서 싸웠고, 서방 연합군의 압박에 의해 스페인으로 되돌아갔을 때에는 훨씬 규모가 작은 스페인 외인부대로 대체되었다. 독일은 유럽의 점령지 일부에서 지원병을 모집했고, 결국 우크라이나, 덴마크, 노르웨이, 프랑스 지원자로 이루어진 부대가 편성되었다. 프랑스 지원병으로 편성되어 샤를마뉴 부대로 불린 전력은 1945년에 베를린 수비를 지원했다. 다수의 우크라이나인과 소련군 탈영병이 독일군에 들어가기도 했다.

영국 정부는 독일의 소련 침공 사실을 알게 된 직후 소련을 지원하기로 했다. 비록 수량이 많지 않았고 말레이반도를 지원하느라 일부가 빠지긴 했어도, 군용 장비를 가능한 한 서둘러 소련에 보냈다. 영국과 소련이 이란을 점령하고 있었기 때문에 이곳의 남북으로 이어진 철로를 지원 물자 수송에 이용할 수 있었다. 이 길은 나중에 미국의 지원 물자의 25퍼센트를 옮기는 데 이용되었다(또다른 25퍼센트는 북부의 무르만스크와 아르한겔스크 항구로 운송되었고, 나머지 50퍼센트는 선박이나 항공기로 태평양을 가로질러 옮겨졌다). 루스벨트 대통령은 소련이 독일의 공세를 견뎌낼 것이라는 점을 백악관 참모들보다 더 확신했다. 이런 루스벨트의 생각은 스탈린과 접촉해서 상황을 파악하도록 소련에 특사로 보낸 해리 홉킨스에 의해 더욱 강화되었다. 처음에는 미국 국민들을 상대로 소련을 지원하는 것이 낫다고 설득하기가 어려웠지만 시간이 흐르면서 상황이 변했다. 영국인의 경우 전쟁에서 주요 동맹이 생겼다는 기분이 들었을 뿐 아니라 영국을 공습하던 독일 공군이 동부 전선의 독일 육군을 지원하기 위해 이동함에 따라 점차 안도하는 분위기도 생겼다. 영국과 미국이 소련에 보낸 외교 및 군사 대표단은 그전 독일 대표단만큼 대접받지는 못했지만, 숱한 난관과 불평에도 불구하고 세 나라의 군사 동맹은 유지되었다.

독일군이 진격하고 점령하던 처음 몇 개월간 독일이 취한 정책의 주요 특징은 해당 지역 소련 주민들에게 아주 명확하고 중요해졌다. 그런 사실은 소문으로 돌거나 여러 수단을 통해 전달되어 다른 지역의 소련 국민들에게도 똑같이 분명해졌다. 독일군은 소련 국민을 대량으로 살육했다. 전쟁 포로를 조직적으로 굶겨 죽였고, 병원과 정신 진료 기관에서도 학살이 이루어졌다. 포로에게 음식과 물을 주는 주민도 총살했다. 이런 사실은 소련 국민들로 하여금 살기 위해서는 싸워야 한다는 점을 즉각 상기시켰다. 새로운 점령지에 살던 대부분의 성인과 노인은 이전 전쟁에서 독일군과 이들의 동맹국군에 의해 점령당한 경험이 있었다. 당시에도 끔찍한 사건이 있었지만, 이번에는 전혀 다른 군대라는 사실을 곧장 알아챌 수 있었다. 주민들이 유대인에 대한 조직적 학살에 대해 어떻게 생각했든지 상관없이 대개는 자신이 다음 차례라는 것을 깨닫게 되었다. 처음에 우크라이나와 발트 3국의 주민 다수는 독일이 소련의 압제하에 있는 자신들을 해방시켜줄 것이라고 여겼지만, 독일의 주목적이 재산을 몰수하고 인명을 몰살하는 것이라는 사실을 차츰 절감하게 되었다. 우크라이나 일부 주민들은 스탈린이 자신들에게 충실한 공산주의자가 되길 원했고 비록 그 과정에서 많은 사람이 죽었지만, 히틀러가 이제 자신들을 지구상에서 없애버리고 독일인 정착민으로 대체할 작정이라는 것을 전혀 알지 못했다. 1942년 봄 개전 첫 7개월 동안 200만 명이 넘는 소련군 전쟁포로가 살해되거나 독일측에 수감된 채 질병과 굶주림으로 죽은 것으로 파악되었는데, 그것은 하루 평균 1만 명에 달하는 수치였다. 몇몇 예외가 있지만 당시에는 아무도 이런 통계를 알지 못했고, 그래도 기본적인 사실은 모두에게 명확했다. 독일은 스탈린을 혐오스럽고 두려운 독재자에서 인자한 보호자이자 소련인들의 구원자로 바꿔놓았다.

1941년에서 1942년 사이 겨울의 동부 전선

1941년 10~11월에 독일군은 모스크바 공세에 돌입했다. 독일군 부대는 악착같이 전진했지만 초기 일부 지역에서의 상당한 진격은 다른 지역에서의 더딘 진격으로 상쇄되었다. 모스크바 주재 외국 대사관들은 철수했다. 소련 정부는 시설 파괴와 정부 기관 이전에 대한 세부 계획을 준비했다. 하지만 전선은 유지되었고 독일군 부대가 차츰 지쳐가는 사이에 소련군은 전력을 보강했다. 전후 독일군 장군의 회고록을 읽은 사람 누구도 그런 사실을 알지 못할 테지만, 강추위와 엄청나게 쌓인 눈은 독일군만큼이나 소련군에게도 시련을 안겨주었다. 독일군은 그런 상황에 익숙하지 않을 뿐이었다. 북아프리카에서 영국군이 진격하자 독일군은 공군력 전체를 지중해로 이동시켜야 했다. 이 때문에 동부 전선의 결정적 시기에 공군력이 약화되었다.

독일군이 중부 전선에서 여전히 진격에 어려움을 겪는 동안, 소련군은 전선 양쪽 끝 일부 지역의 전투에서 승리를 거두었다. 남부에서 독일군은 캅카스로 가는 관문인 로스토프에

도착했다. 11월 말 소련군의 반격으로 독일군은 로스토프를 내주고 더 서쪽으로 쫓겨났다. 북부에서 핀란드군과 합류하리라는 희망으로 티흐빈에 도착했던 독일군도 로스토프에서와 마찬가지로 후퇴했다. 모스크바 전방의 전선에서는 소련군이 대규모 반격을 개시하려고 함에 따라 독일군은 서서히 진격을 멈추었다.

일본에 있던 소련 스파이의 정보 보고와 만주에서 일본의 대규모 전력 구축이 이루어지지 않고 있다는 사실에 의해, 스탈린이 판단하기에 일본은 소련의 극동 지역을 공격함으로써 독일측에 합류하는 대신에 4월에 소련과 맺은 중립 협정을 지키면서 미국, 영국, 네덜란드(여기서 네덜란드는 네덜란드령 동인도제도, 즉 오늘날의 인도네시아를 의미한다—옮긴이)를 공격하기로 한 것이 분명했다. 이것은 일찍이 일본군과 싸운 적이 있는 극동 지역의 소련군 대부분이 유럽으로 이동하거나 적어도 새로 편성된 부대와 교체되는 것을 의미했다. 시베리아에서 온 사단들로 전력을 보강한 소련군은, 12월 초에 중부 전선에서 지쳐 무방비 상태로 있던 독일군을 공격했다. 일부 지역에서 독일군은 패닉에 빠진 채 도주했고 일부는 열심히 싸웠지만 곧장 소련군의 큰 승리로 상황이 전환되었다. 소련군은 그저 독일군의 진격을 중단시키거나 약간 후퇴시킨 것이 아니라, 곳곳에서 독일군 전열을 돌파해 상당수 독일군 부대

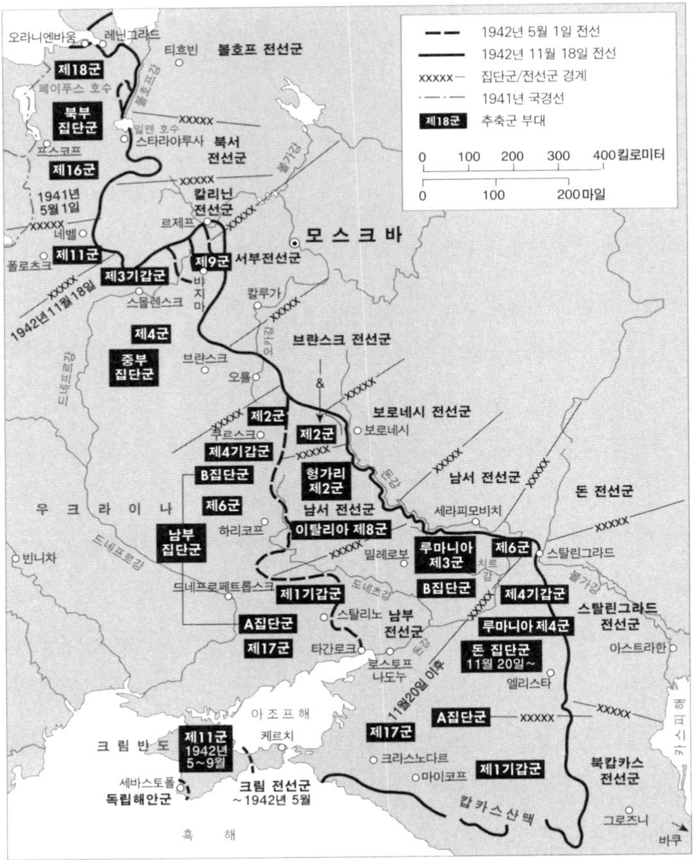

1942년 5월 1일 전선
1942년 11월 18일 전선
xxxxx— 집단군/전선군 경계
1941년 국경선
제18군 추축군 부대
0 100 200 300 400 킬로미터
0 100 200 마일
오라니엔바움
레닌그라드
티흐빈
볼호프 전선군
제18군
볼호프강
페이푸스 호수
북부 집단군
일멘 호수
스타라야루사
북서 전선군
프스코프
제16군
볼가강
1941년 5월 1일
칼리닌 전선군
르제프
네벨
모스크바
제11군
폴로츠크
제9군
서부전선군
제3기갑군
바지마
칼루가
1942년11월18일
스몰렌스크
제4군
오카강
브랸스크 전선군
중부 집단군
브랸스크
오룔
드네프르강
제2군
보로네시 전선군
쿠르스크
제2군
보로네시
제4기갑군
B집단군
헝가리 제2군
돈강
남서 전선군
돈 전선군
우크라이나
제6군
남서 전선군
세라피모비치
하리코프
이탈리아 제8군
남부 집단군
빈니차
드네프르강
밀레로보
루마니아 제3군
제6군
스탈린그라드
치르강
드네프로페트롭스크
B집단군
볼가강
제1기갑군
도네츠강
제4기갑군
스탈린그라드 전선군
스탈리노
남부 전선군
A집단군
루마니아 제4군
제17군
타간로크
로스토프 나도누
돈강
돈 집단군 11월 20일~
11월20일 이후
아스트라한
엘리스타
아조프해
A집단군
카스피해
크림반도
제11군 1942년 5~9월
케르치
제17군
크라스노다르
마이코프
제1기갑군
북캅카스 전선군
세바스토폴
독립해안군
크림 전선군 ~1942년 5월
캅카스산맥
그로즈니
흑해
바쿠

8. 1941년 독소 전선

를 포위 위협하고 서쪽으로 밀어붙였다. 혹한을 견딜 준비가 되어 있지 않은 병력과 장비는 얼어붙었다. 먹을 것을 제대로 공급받지 못한 말은 폭설을 뚫고 많은 장비를 옮길 수가 없었다. 하지만 두 가지 이유에서 독일군의 패배는 독일 전선의 전면적 붕괴로 이어지지는 않았다.

전방에 있던 독일군 지휘관들은 다소나마 방어가 가능한 전선으로 철수하기를 원했다. 그런 지휘관 중 한 명인 에리히 회프너 장군은 실제로 철수를 실행하여 포위당할 뻔한 대규모 부대를 효과적으로 구했지만, 히틀러는 이런 철수 건의를 들어주지 않았다. 히틀러는 회프너의 후퇴에 격노했다. 정식 군사재판 없이는 회프너를 군에서 내쫓거나 연금 수급과 군복 입을 권리를 박탈할 수 없다는 말을 듣고 분노한 히틀러는 모든 독일인의 모든 절차적 권리를 박탈하기 위해 독일 의회를 소집하기로 했다. 열성적인 독일 의회는 1942년 4월 나치 정권하의 마지막 회기에 관련 법안을 통과시켰다. 그렇다고 해서 독일군이 그해 12월 전선의 위기를 바꿔놓지는 못했다. 오히려 히틀러는 현재 어디에 있든 그 자리를 지키고, 포위되더라도 현위치에서 싸우라고 독일군에 지시했다. 비록 홀름과 데미안스크 지역에서는 독일군이 소련군에 포위되었지만, 독일군의 전선은 유지되기 시작했다. 독일 공군은 육군 부대가 봄에 고립에서 벗어날 수 있을 때까지 보급품을 제공하는 데 성공했고, 이런 사실은 1년 뒤 히틀러가 스탈린그라드에 고립된 훨씬 큰 규모의 독일군에 대해 유사한 보급 작전을 시도하도록 했을 수도 있다.

독일군이 중부 전선에서 버티고 재앙을 모면할 수 있었던 또하나의 주된 요인은 스탈린이 전선 북부와 남부에서 공세를 개시하기로 결정한 데 있었다. 스탈린은 모스크바 전방에서 거둔 첫 승리 뒤 후속 공격에 집중하는 대신에, 히틀러가 소련군을 과소평가한 것처럼 독일군을 과소평가했다. 소련군의 공세는 큰 희생을 치르고도 얻은 것이 많지 않았던 반면, 독일군은 전선의 중앙을 안정화시킬 시간을 벌었다. 동부 전선은 아주 불안정해 보였지만, 한편으로 소련을 괴멸시키려는 독일군의 희망이 철저히 무너졌다는 사실과, 다른 한편으로 소련이 대단히 길고 힘겨운 일련의 싸움을 앞두고 있음을 상징했다. 1942년 3~4월에 전선이 안정된 뒤 싸움이 지속되면서 동부 전선은 제2차세계대전의 대부분의 싸움이 벌어진 지역으로 남을 터였다.

독일군 점령 지역과 비점령 지역

소련측에서는 독일군의 공격으로 이전해야 했던 산업 시설이 차츰 가동되기 시작해 생산물, 특히 소련군을 위한 무기와 탄약이 보급되기 시작했다. 소련 노동자들은 근무 환경이 열악하고 음식물도 부족했지만 매우 열심히 일했다. 상당수 육군 사단이 추가로 창설되었고, 숙청되어 감금된 장교와 장군들을 풀어주려는 애초의 소규모 계획이 확대 시행되었다. 다른 교전국과 달리 소련은 여성 수십만 명을 징집해서 지원 업무뿐 아니라 공군 부대를 포함한 전투 부대에도 배치했다. 미국이 지원해준 수송기의 도움도 있고 해서 파르티잔 활동 중앙본부는 독일이 점령한 지역의 파르티잔 조직에 지침을 전달하고 병력과 탄약을 제공했다. 파르티잔 활동은 후방 지역에서 독일군의 보안 작전을 방해했다. 결정적 시기에 독일군의 수송과 통신을 방해했고, 독일군 점령지 주민들에게 해방될 가능성이 높으니 처신을 잘하는 편이 좋을 것임을 상기시켰다.

독일측에서는 알프레트 로젠베르크가 이끄는 민간 정부가 사전에 준비되어서 후방 지역에 수립되었다. 전선에 좀더 가까운 곳에는 군정 체계가 운용되었다. 두 지역 모두에서 광범위한 경제적 착취와, 독일 본토를 비롯한 여러 지역에서 노예 노동력을 확보하기 위해 사람들을 체포하는 활동이 벌어졌다. 후방 지역 부대와, 일시적으로 후방에 배치된 전방 사단이 관여한 이른바 반파르티잔 작전은 대부분의 경우 민간인 대량 학살과 방화로 변질되었다. 원래 활동하던 파르티잔이 탈출한 뒤에는 마을 주민 중에서 새 인원이 쉽게 충원된다는 사실을 눈치챘기 때문이다. 독일은 정부가 농가의 수확을 우선적으로 구매할 수 있는 권한을 지닌 소련의 집단 농장 시스템에 특히나 열광했다. 독일에 부역하면 기아에서 벗어날 가능성이 있다는 걸 알았던 전쟁포로 출신을 포함해 일부 협력자를 채용하기도 했다. 극히 일부 지역에서 결국에는 이른바 더 열등한 슬라브인들로 교체될 독일 농부의 대규모 정착을 위한 계획이 부분적으로 실행되기 시작했지만, 그런 실험을 할 시간은 거의 없었다. 독일군 고위 장교들은 히틀러로부터 정기적으로 받는 뇌물성 돈과 더불어 동부 지역의 넓은 땅을 받기를 기대했다. 하지만 다수의 독일 일반인들은 나치 정권이 조성하려는 무장한 마을에 자발적으로 정착하는 데에는 의구심을 품을 만했다. 그들은 아마 지역 신문의 강제 이주자 명단에서 자신의 이름을 발견할지도 몰랐다. 독일은 그전에 소련에 양보한 땅과 우크라이나의 일부 땅을 루마니아에 넘겼다. 트란스니스트리아라는 이 땅은 루마니아 식민지가 되었다. 이곳에서 유대인 다수가 살해되었고, 루마니아 관리들은 부자가 될 기회를 가졌다. 핀란드 역시 1940년 협정에서 양보한 땅을 되찾았다. 추가로 카르얄라(카렐리아) 영토를 얻고자 했던 핀란드 정부의 희망은 정작 핀란드를 병합할 속셈이었지만 그런 말을 꺼내지 않았던 독일에 의해, 그리고 영국과 달리 핀란드에 선전포고를 하지는 않았지만 너무 나가지 말라고 경고했던 미국의 압박에 의해 좌절되었다.

소련을 상대로 한 싸움에서 독일이 보여준 무능함은 급기야 전체 전황이 달리 보이게 만들었다. 1940년 영국이 되살아난 상황에서도 독일인 대부분은 승리를 확신한 반면, 다른 나라 사람들 대부분은 독일과의 싸움에서 이길 수 있을지 의심했다. 이제 상황이 다르게 보였다. 일부 독일인들은 전쟁 결과를 걱정하기 시작한 반면, 연합국은 좀더 확신을 갖고 미래를 내다보기 시작했다. 일본이 동아시아를 침략하고 미국을 영국이나 소련과 더불어 공개적으로 참전하게 하면서 이같은 시각의 변화는 강화되었다.

제 5 장

일본, 중국과의 전쟁을 확대하다

일본의 확전 결정

일본은 1937년 7월부터 중국과 전쟁을 벌였다. 1938년 1월에는 협상을 통한 해결 가능성을 거부했고, 중국의 저지를 받으면서 간간이 진격하는 과정이 지속되었다. 도쿄의 일본 수뇌부는 중국의 항쟁이 더디지만 꾸준히 공고해지고 장개석의 국민당 정부가 지지를 받는 이유가 무엇보다도 끊임없는 중국 사회 파괴, 민간인 학살과 강간, 그리고 전반적으로 진저리나는 일제의 소행에 있다는 생각을 하지 못했다. 일본은 중국이 다른 나라의 지원 덕분에 싸움을 지속할 수 있다고 판단했다. 소련이 육로를 통해 어떤 지원을 하든, 또한 다른 나라가 프랑스령 인도차이나에서 버마로드(중국이 중일전쟁시 외부에서 군수물자 등의 보급을 받기 위해 완성한 도로로 1090킬로미터에 달한다—옮긴이)나 하이퐁-하노이 철도를 이용해 어떤 지원을 하든, 중국인들은 기쁘게 받아들였다. 하지만 중국이 싸움을 지속할 수 있었던 이유는 거기에 있지 않았다. 이런 외부 지원과 상관없이 중국은 계속 싸울 작정이었다. 일본은 중국과의 싸움에 집중했기 때문에 1940년 4~6월 서유럽에서 독일이 거둔 승리를 중국에 대한 여러 외부 지원을 차단할 기회로 보았다.

일본은 프랑스 정부에 하이퐁-하노이 철도를 폐쇄하도록 수년간 외교적 노력을 기울였으나 실패했다. 이제 다른 대안이 있어 보였다. 일본 육군이 인도차이나 북부를 차지하면 철도를 폐쇄시킬 수 있었다. 프랑스 식민지 정부가 충성하는 비시 정부는 일본의 이런 요구에 기꺼이 동의했다. 1940년 8월 비시 군대가 프랑스령 서아프리카의 다카르(세네갈의 수도—옮긴이)에서 영국군과 자유프랑스군을 내쫓기 위해 싸움을 벌이는 동안 일본군은 은근슬쩍 인도차이나 북부를 점령했다. 독일이 프랑스 전역에서 승리한 뒤 영국이 위기에 처하자, 일본은 영국 정부를 압박해 버마로드를 3개월간 폐쇄시킬 수 있었다. 3개월 뒤 영국이 자국 본토 항공전에서 승리하자 버마로드의 재개통이 가능해 보였고 실제로 그렇게 됐다.

네덜란드와 프랑스의 패배로 이들 국가의 동아시아 식민지는 일본 제국의 확장을 위한 매력적인 먹잇감이 되었다. 그런 사실을 독일이 굳이 일본 지도부에 알려줄 필요는 없었다. 게다가 영국이 독일군의 침공으로부터 본토를 방어하고 중동에서 이탈리아에 맞서 현위치를 고수해야 하는 상황은, 설령 불가능하지는 않더라도, 남아시아/동남아시아, 영연방 호주 및 뉴질랜드의 광활한 땅을 방어하기가 매우 어렵게 했다. 이런 사실을 두고 독일이 일본에 싱가포르를 차지할 절호의 기회라고 지적했을 때(싱가포르는 1819년 이후 영국의 식민지였다—옮긴이), 일본측은 그럴 계획이긴 하지만 실행에 옮길 시점이 1946년이라고 답했다. 그해는 바로 미국 의회가 통과시킨 법안에 따라, 1944년에 독립할 필리핀에서 미군 기지를 반환하는 시점이었다. 독일 정부는 일본의 행동을 제한하는 요인이 남쪽으로 진격시 좌측면을 미군이 공격할까봐 우려한 것임을 알아차렸다. 독일은 어쨌든 미국과 전쟁을 벌이게 될 것으로 예상했기 때문에 일본이 미국을 공격하는 즉시 미국을 상대로 하는 전쟁에 합류하겠다고 약속했다. 이 경우 미국이 의회가 통과시킨 2개 대양해군 구축을 완료하기 전에 독일은 자국이 아직 구축하지 못한 대규모 해군을 아군으로 둘 수 있었다. 1941년 3월 일본 외무대신 마쓰오카 요스케가 독일을 방문했을 때 히틀러는 개인적으로 이런 약속을 재차 확인해주었다.

공격 시점을 둘러싸고 일본 정부 내부에서는 논쟁이 벌어졌고, 1941년 6월 독일의 소련 침공에 영향을 받았다. 일본은 1940년 9월에 맺은 삼국동맹의 동맹국인 독일 및 이탈리아와 손잡고 소련과 싸우기보다는 남쪽으로 이동하기로 결정했다. 소련은 동부 전선에서 필사적으로 싸우고 있었기 때문에 일본군이 남쪽으로 이동하는 동안 배후에서 공격을 하거나 중국 국민당에 대한 상당한 지원을 이어가지 못할 것이 분명했다. 따라서 1941년 7월 일본군은 프랑스령 인도차이나의 남부를 점령했다. 이것은 남태평양뿐 아니라 동아시아와 동남아시아에 있는 네덜란드·영국·미국 영토에 대한 공격을 준비하기 위한 조치로, 중국과의 전쟁에 집중하는 것과는 확실히 거리가 멀었다. 일본 정부 내부에서는 토론이 지속적으로 이루어졌다. 말레이반도와 네덜란드령 동인도, 필리핀을 비롯한 태평양 내 미국령 섬을 공격할 세부적인 준비도 진행되었다. 도쿄의 일본 지휘부는 동남아시아에서 빼앗은 유전이나 광산, 고무 농장에서 나온 자원을 일본 본토로 옮기지 못할지도 모른다는 예상을 전혀 하지 않았다. 그저 땅을 차지하는 것일 뿐, 물자는 타국에서 빌린 배의 도움 없이 일본 선박으로만 본토로 옮겨야 하는 것을 의미했다. 따라서 일본이 싸움을 시작할 시점에 매우 중요한 점은 자국의 제한된 선박 운송을 효과적으로 동원하거나 잠수함 공격으로부터 보호할 진지한 준비가 없었다는 사실이다.

일본군이 이동할 준비를 하고 점령지에서 사용할 군용 수표를 찍는 동안, 미국과 영국 정부는 자국령을 일본이 공격하지 못하게 하려고 애를 썼다. 전쟁 직전까지도 독일에 지원 물품을 보낸 소련과 달리 미국 정부는 일찌감치 일본과의 모종의 교역을 축소했고, 일본이 인도차이나 남부를 점령했을 때에는 석유 금수 조치를 취했다. 중국에는 일본과 싸울 해군이 없었고, 석유는 일본이 영국·네덜란드·미국과의 전쟁에 필요한 자원이었다. 영국과 네덜란드도 마찬가지로 일본에 석유 판매를 중단했다. 미국 지휘부, 특히 루스벨트 대통령과 코델 헐 국무장관은 워싱턴에서 일본 외교관들과 장시간 협상을 했다. 일본 외교관들은 평화를 선호했지만 일본 정부는 반대 방향으로 가고 있었다. 일본은 일본이 이미 참전한 전쟁을 확대하는 것을 단념시키려는 미국과 영국의 활동에 개의치 않았다. 미국은 전쟁을 억제하기 위해 함대 전력 상당 부분을 하와이로 옮겼고, 작전에 처음 투입한 B-17 플라잉포트리스 폭격기를 필리핀에 배치했다. 한편, 영국은 전함 1척과 전투순양함 1척을 싱가포르로 이동시키도록 지시했다. 협상 마지막 주에는 일본이 인도차이나 남부에서 철수할 경우 미국은 일본이 원하는 만큼의 석유를 판매할 수 있다는 방안도 제시되었다. 주미 일본 외교관들은 당장 이 문제에 대해 협상하지 말라는 지시를 받았다. 미국의 제안을 수용하는 것은 어떤 일이 있더라도 중국과의 확전을 포기하는 것을 의미했다. 결과적으로 일본의 외교 통신을 감청할 수 있는 미국의 정보력 덕분에 임박한 전쟁 경고가 워싱턴에 발령되었다.

독일이나 이탈리아 어느 나라도 조약의 형태가 되었든 아니든 약속은 지킨다는 평판을 쌓지는 않았다. 이 때문에 일본 정부는 실제 공격을 감행하기 며칠 전에 미국과의 전쟁 약속이 유지될지 동맹국에 거듭 확인했고, 곧장 긍정적인 답을 받았다. 동부 전선에서 점점 불리해진 전황이 일본의 공격 의지를 꺾을까봐 크게 우려했던 히틀러는 실제 상황보다 훨씬 긍정적인 소식을 일본측에 거듭 전했다. 루스벨트는 독일이 일본이 믿는 것만큼 전쟁에서 이길 것으로 확신하지 않는다는 점을 일본이 알 수 있을 때까지 일본의 결정을 지연시키려 했다. 히틀러는 독일이 유럽 전쟁에서 승리하지 못할지도 모른다는 것을 일본이 깨닫는 상황을 우려했다. 결국 히틀러가 바라는 대로 되었다. 모스크바 외곽에서 독일군의 패배가 확실해지기 단 2주 전에 일본은 공격을 개시했다.

일본군의 진격

일본군 전쟁 계획은 일련의 신속한 군사행동을 요구했다. 태국 점령, 말레이반도 침공, 필리핀 침공, 미국령 괌 및 웨이

크 섬 점령 뒤 네덜란드령 동인도와 버마 그리고 남태평양의 미국·영국·프랑스령 섬 점령이 포함되었다. 이런 군사행동을 하려면 미국과 영국 해군의 간섭을 저지할 필요가 있었다. 일본 해군은 항공모함 함재기를 이용한 진주만 공습을 선호해, 서태평양의 주요 해전에서 필리핀을 보호하고 구하기 위해 이동중인 미군 함대를 공격하려는 원래 계획을 1941년 10월 중순에 포기했다. 야마모토 이소로쿠 제독이 자신이 제안한 진주만 공습 계획이 받아들여지지 않으면 연합함대 사령장관 자리에서 물러나겠다고 협박했기 때문이다. 1941년 12월 7일 실행된 일본의 진주만 공습은 미국 해군에 엄청난 충격을 안겨주었고 일본군의 남방 공격시 있을 수 있는 측면 공격의 위협을 제거했다. 하지만 전체 전황에서 일본군의 전망에 훨씬 폭넓은 부정적 효과를 가져왔고, 어떻게 보면 쉽게 예측할 수 있는 결과였다.

비교전국에 대한 정당한 이유 없는 일요일 공격은 그해 4월 유고슬라비아를 상대로 같은 짓을 벌인 히틀러를 열광시켰다. 미국 국민은 격정적인 반응을 보였고, 언젠가는 협상으로 갈등을 해결할 수 있으리라는 일본측의 희망은 물거품이 되었다. 일본은 미국이 결코 더 큰 피를 볼 결정은 하지 않을 것이고, 듣도 보도 못한 섬의 탈환을 중요하게 여기지 않을 것이며, 따라서 그런 일은 미국 스스로 부정하는 식민주의 국가로 되돌아가는 것일 수 있다고 판단했다. 하지만 현실은 정확히 그 반대였다. 미국은 이제 일본을 괴멸시킬 때까지 싸울 태세가 되어 있었다. 그 싸움에서는 두 가지 예측 가능한 진주만 공격의 특징에서 도움을 받을 터였다. 진주만 기지는 수심이 얕았고 일본군도 그런 사실을 알고 있어서 특별히 제작한 어뢰를 사용했다. 결국 일본이 격침시켰다고 판단한 미군 전함 8척 중 2척은 단지 진창에 주저앉았을 뿐이었고, 미군은 이 전함들을 끌어올려 수리해서 다시 작전에 투입했다. 승조원의 경우에는 애리조나호에서 사상자가 많이 발생했다. 공격받은 다른 전함에서도 사상자가 상당수 발생했지만 당일 진주만 항구에 있던 대다수 숙련되고 경험 많은 승조원들은 아무런 피해 없이 살아남았다. 미국 해군력은 이례적일 정도로 신속하게 복구되었다. 본토에서 새로 건조한 전함이 도착했을 뿐 아니라 공격받은 함정에서 생존한 해군 병력 수천 명도 작전 투입이 가능했기 때문이다.

영국 전함 2척도 12월 초에 도착한 일본군을 저지할 것이라는 기대 속에 싱가포르에 투입되었다. 영국 전함은 일본이 말레이반도 북부에 상륙한다는 소식에 항구를 나섰지만 일본 잠수함에 발각되어 일본군 항공기의 어뢰 공격과 공습을 받았다. 12월 10일 영국 공군의 공중 엄호나 효과적인 방공 무기가 없었던 영국 전함 2척이 격침되었다. 영국은 본토와 지중해에 대한 방어가 시급했기 때문에 태평양에 투입할 공군 전력이 거의 없었다. 해안에 상륙한 일본군은 상대적으로 신속하게 내륙으로 진격할 수 있었다. 영국군 수비대는 최소한의 영국 부대와 더불어 2개 인도 사단과 1개 호주 사단으로 편성되었다. 야마시타 도모유키 장군이 지휘하는 3개 일본군 사단은 12월 8일 상륙했고 주춤하는 저항에 맞서며 남하했다. 영국이 수비대를 보강하기 위해 병력을 증파하자 몇몇 지역에서 격전이 벌어졌다. 1월 초 일본군은 말레이반도 남단을 향해 약 480킬로미터까지 진격했다. 2월 8일에서 9일 사이의 밤에 싱가포르섬을 가로지른 일본군은 몇 차례 교전 뒤 2월 15일 자신들보다 훨씬 규모가 큰 영국군을 굴복시켰다. 일본군은 싱가포르에서 민간인 수천 명을 죽이고 강간했다. 일본군이 활동하는 곳이면 어디서나 끔찍한 일이 벌어졌는데, 이와 비슷한 대규모 폭력은 야마시타 장군의 지휘하에 있던 1945년 3월 마닐라에서 한 차례 더 벌어졌다.

영국군이 싱가포르에서 항복했을 때 일본은 미국령 괌뿐 아니라 영국 식민지인 홍콩까지 점령했고, 한 차례 시도가 실패한 뒤에는 하와이와 괌 사이에 있는 미국령 웨이크섬도 점령했다. 하지만 필리핀 북부 루손에서는 여전히 격렬한 싸움이 벌어졌다. 루손섬은 루스벨트 대통령이 맥아더 장군을 보내 1944년으로 예정된 필리핀 독립시 필리핀군이 자국을 방어할 수 있도록 군대 육성을 지원하게 한 지역이었다. 루손섬 전체를 방어하는 비현실적 계획을 선호했던 맥아더는 일본군이 마닐라항을 사용하지 못하도록 바탄반도 수비에 중점을 둔 기존 방어 계획을 폐기했다. 일본군 계획에는 12월 8일 미군 항공 전력을 공격하고, 12월 10일 루손 북부와 마닐라 남부 모두에 상륙하는 것으로 명시되어 있었다. 공습은 진주만 공습 약 10시간 뒤에 진행되었음에도 지상에 있던 미군 항공기 대부분에 피해를 입혔고, 두 곳에 대한 상륙에도 성공했다. 새로운 방어 계획이 실패한 사실이 금방 분명해지자, 생존한 미군과 필리핀 부대는 바탄으로 이동했다. 계획 변경으로 인해 식량을 비롯한 보급품이 제대로 공급되지 않았고, 이 때문에 미군과 필리핀군은 기아와 질병으로 아주 약해졌다. 그럼에도 이들은 일본군의 예상보다 훨씬 더 격렬하게 싸움을 벌였다. 일본군 지휘관인 혼마 마사하루 장군은 병력 증원을 해야 했다. 지친 수비대는 후퇴한 뒤 4월 8일 항복했다. 해상 요새였던 코레히도르섬의 경우는 5월 6일에, 필리핀에 있던 나머지 수비대는 6월 9일에 항복했다. 바탄에서 항복한 병력 수천 명은 포로수용소로 옮겨지는 동안 살해되었다. 생존자들은 체계적으로 혹사당했고, 포로수용소와 광산에서 살해당하곤 했다. 루스벨트 대통령은 일찌감치 맥아더 장군에게 바탄에서 빠져나와 호주로 가서 그곳에 배치될 미군 병력을 지휘하라고 지시했었다. 필리핀에서는 다수가 일본에 부역했고, 소수이지만 저항운동과 게릴라 활동에 나선 사람들도 차츰 증가했다. 이들의 활동은 일본군에는 골칫거리였지만 미군에는 정보를 제공했다.

일본의 말레이반도 및 필리핀 정복은 애초에 의도했던 네덜란드령 동인도 정복의 전초전이었다. 일본군은 12월 15일 이미 보르네오섬에 상륙했다. 보르네오는 영국과 네덜란드가 나누어 장악한 지역이었다. 뒤이은 몇 주 동안 일본군은 이 지역 섬들에 잇따라 상륙했다. 2월 말에는 네덜란드 · 미국 · 영국의 연합 전력을 자바 해전에서 격파했고, 3월 8일에는 이 지역에서 가장 큰 규모의 연합군 전력을 굴복시켰다. 당시 일본군은 거대한 뉴기니섬의 네덜란드령 서부와 북동 해안에도 상륙했고, 동부 항구도시인 라에와 살라마우아를 점령했다. 1차대전 뒤 일본의 위임통치령이 된 마리아나제도와 캐롤라인제도에서 출발한 일본군 원정대는 남쪽 섬으로 향했고, 아주 신속하게 솔로몬섬 대부분뿐 아니라 애드미럴티 · 길버트 · 비스마르크 제도를 장악했다. 여기서 특별히 중요한 사실은 일본군이 점령한 비스마르크제도에는 뉴브리튼섬 북단의 주요 항구도시인 라바울이 포함되었다는 것이다. 이제 라바울은 호주와 뉴질랜드를 위협하는 일본군 작전의 중심 기지가 되었다.

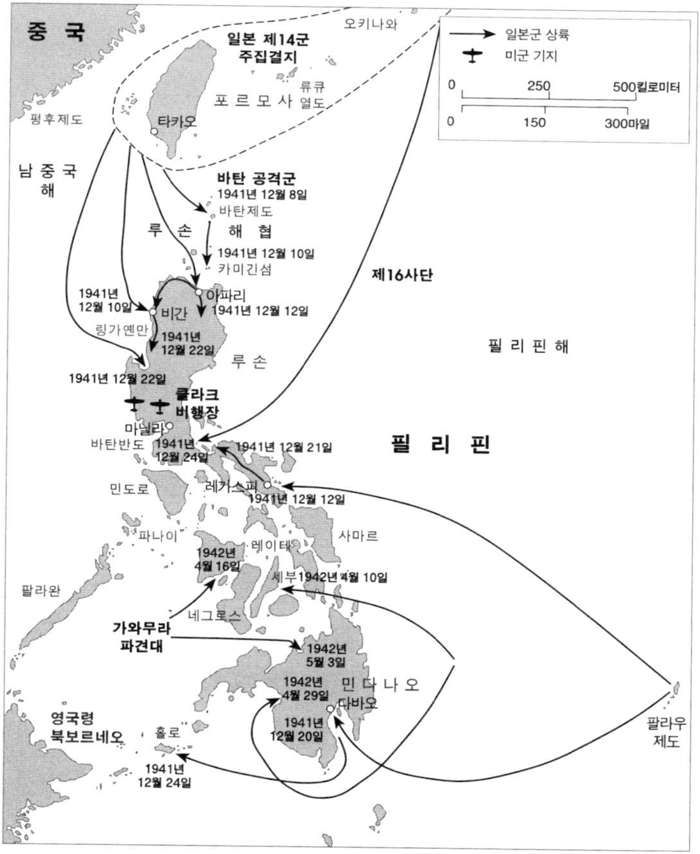

9. 1941~42년 필리핀

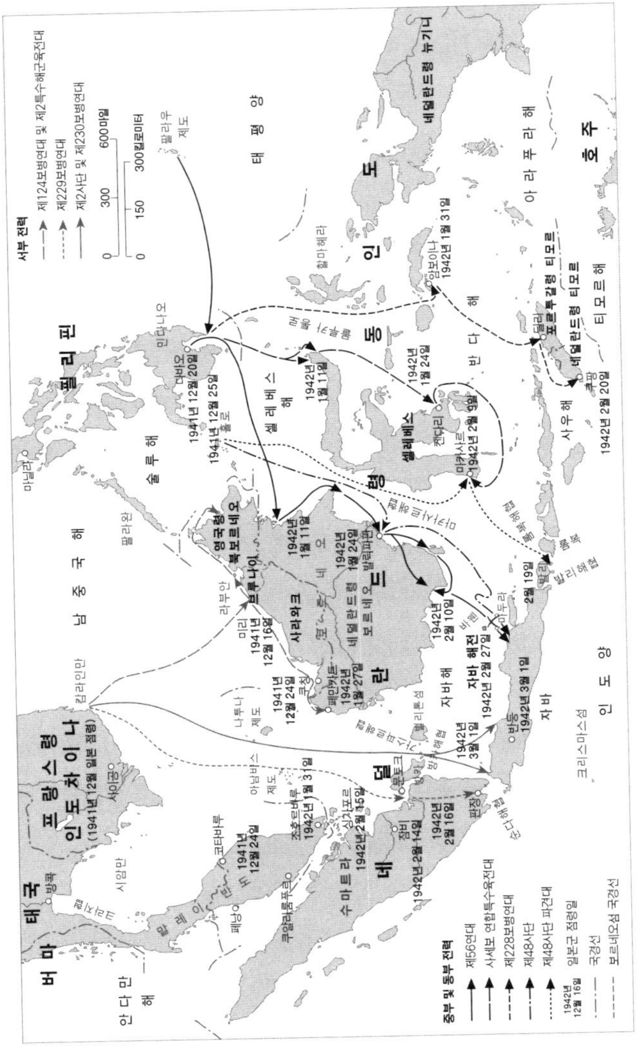

10. 1941~42년 동인도

일본군은 네덜란드령 동인도와 남태평양에 있는 다수의 영국령과 섬을 점령하는 동시에 버마로 쳐들어갔다. 자바섬을 점령한 날에는 버마(미얀마)의 수도 랑군(양곤)에도 진입했다. 또 뒤이은 몇 주 동안 영국군과 중국군 및 소규모 미군을 버마 전체에서 몰아내 4월 말에는 버마를 거의 완전히 장악했다. 버마와 인도양 섬 점령은 일본이 프랑스령 마다가스카르도 점령해서 인도와 중동, 그리고 이란을 가로질러 소련으로 가는 연합군의 해양 보급로를 차단할 가능성을 높였다. 이런 위험성 때문에 미국의 간접 지원을 받은 영국군은 1942년 5월 4일 마다가스카르 북단에 상륙했고, 몇 개월 뒤 섬 전체를 장악했다. 일본은 마다가스카르를 장악할 기회를 놓쳤을 뿐 아니라, 육군과 해군 사이의 이견 때문에 인도 침공이나 실론섬(스리랑카) 상륙도 한동안 자제했다. 그럼에도 일본은 독일과 함께 아시아를 분할할 방도를 찾아냈다.

12월에 일본은 동경 70도를 기준으로 아시아를 분할할 것을 독일에 공식적으로 제안했다. 이 제안이 받아들여질 경우 일본은 시베리아 대부분과 중국 전체, 인도 대부분, 동남아시아 전체를 확보할 수 있었다. 독일군 최고사령부 일부에서는 시베리아 공업 지역을 좀더 확보해야 한다는 의견을 냈지만, 히틀러는 일본의 제안을 받아들여 2월에 협정을 맺었다. 1941년 10월 이후 육군대신 겸 내각총리대신을 맡은 도조 히데키가 이끄는 정권은 남태평양과 서반구 분할을 위한 계획을 수립했다. 이 계획이 성공하면 일본은 태평양의 모든 섬과 호주, 뉴질랜드, 알래스카, 캐나다 서부, 워싱턴주, 중앙아메리카, 카리브제도, 에콰도르, 콜롬비아, 베네수엘라 서부, 페루, 칠레를 얻을 수 있었다. 이 계획은 독일에 전달되지 않았지만, 아시아 대부분을 일본에 넘기는 데 동의했던 히틀러가 서반구 대부분이 독일 손에 떨어지는 계획을 거부할 가능성은 낮았다.

일본의 공세 중단

일본이 이런 야심찬 계획을 달성하려면 초기에 얻은 승리를 더 많이 이어가야 했다. 그러나 일본 지휘부 내에서는 다음 공격 목표를 정하는 데 이견이 있었고, 이로 인해 인도와 인도양으로의 추가적인 진격이 취소되었다. 남쪽으로 더 깊숙이 진출하려면 호주를 위협하기 위해 뉴기니섬 남부 해안의 포트모르스비를 점령할 필요가 있었다. 그리하여 일본 해군의 엄호를 받는 가운데 해상 상륙 작전이 시도되었다. 이런 공격은 1942년 5월 3~8일 실행된 산호해 해전으로 이어졌다. 주로 항공모함이 참여한 이 싸움에서 미군은 항공모함 렉싱턴을 잃었고, 일본은 경항공모함 '쇼호(祥鳳)'를 잃었다. 결국 상대적 손실과 상관없이 전략적 승리는 미국에 돌아갔다. 일본이 포트모르스비 상륙 공격을 포기했기 때문이다. 대신에 일본은 코코다 통로로 뉴기니섬을 횡단하는 육로 이동을 통해 점령하려 했지만, 1942년 9월 17일 미 육군 항공대의 지원을 받은 호주군에 의해 저지되었다. 그 무렵 뉴기니섬 남동부 끝의 밀른베이에 있던 미군-호주군 연합 기지를 점령하려는 일본의 시도도 분쇄되었다.

일본은 산호해에서 후퇴한 직후 두 가지 작전을 추가로 결정했다. 알래스카 연안의 알류샨열도에 있던 더치하버 미군 비행 기지와 해군 기지를 폭격하고 서쪽의 키스카섬과 애투섬을 점령할 예정이었다. 항공모함 2척이 더치하버를 폭격하기 위해 함재기를 투입한 다음 상륙부대를 호위했다. 일본군은 1942년 6월 초에 이곳을 점령했다. 덕분에 이 방향에서의 미군 공격으로부터 일본군을 보호할 뿐 아니라 이 일대에서 추가적인 점령 작전을 진행하기 위한 기지를 확보할 수 있었지만, 작전에 투입된 항공모함은 같은 시기에 좀더 남쪽에서 벌어진 주요 해군 작전에 참여할 수 없었다. 그것은 바로 미드웨이섬 점령 작전으로, 야마모토가 연합함대 사령장관직을 걸고 위협하면서까지 관철시킨 것이었다. 1942년 4월 18일 제임스 두리틀 대령이 지휘한 미군 항공기가 도쿄를 공습함에 따라 일본 지휘부 역시 이 작전을 크게 반겼을 가능성도 있었다.

미국측에는 산호해에서 피해를 입었다가 진주만에서 부분적으로나마 수리를 마친 항공모함 요크타운이 있었다. 반면에 일본 정규 항공모함은 산호해에서 피해를 입지 않았다. 산호해 해전에서 함재기 다수를 잃은 항공모함은, 하와이 지역에 있던 미 해군 잔존 전력을 괴멸시키고 미드웨이섬을 점령하는 전력에 포함되지 않았다. 미드웨이섬으로 향했던 일본 정규 항공모함 6척 중 2척은 미드웨이를 방어하는 미국 함대를 격침시킬 전함과 순양함 함대를 엄호하기 위해 대기했다. 하지만 하와이에 있던 미군 정보 장교들은 일본군의 계획을 간파했고, 그에 따라 미 해군 순양함 3척은 6월 4일 미드웨이 남서부에서 일본 항공모함 4척을 기습 공격할 준비를 갖췄다. 일본군이 저공으로 비행하는 미군 뇌격기를 격추시키는 동안 미군 급강하 폭격기는 일본 항공모함 3척을 격침시켰고, 곧이어 또 한 척의 항공모함도 격침시켰다. 요크타운호도 심각한 피해를 입은 뒤 일본 잠수함에 의해 격침되었지만, 전황은 확실히 미국에 유리했다. 일본 전투 함대는 순양함 1척과 전함 몇 척을 잃고 후퇴했다. 더 중요한 사실은 따로 있었다. 미국은 격침된 항공모함과 사망한 항공기 승무원을 대체할 수 있었고 실제로도 그렇게 했지만, 일본측에는 대체할 항공모함이 없었던 것이다. 게다가 일본은 제대로 된 승무원 훈련 프로

그램을 갖추지 못했고, 따라서 산호해와 미드웨이에서 숙련된 조종사를 잃은 것은 이후 일본이 조종사 부족 상황에 계속 직면하게 된다는 것을 의미했다.

미드웨이 해전은 태평양에서 일본군의 진격을 중단시켰고, 미군이 반격할 길을 열었다. 1942년 8월 과달카날에서 그런 일이 벌어졌는데, 그에 관해서는 제6장에서 다룰 것이다. 다만 전반적인 전황을 이해하는 데 중요한 사실은 일본군의 진격은 비록 중단되었지만 미국이 '유럽 우선' 전략에서 일시적으로 벗어나는 대신에 작전 가능한 전력 다수를 새로 동원해 1942년 내내 그리고 1943년 초반 몇 개월까지 태평양 전역에 투입시킨 점이다. 이 때문에 지중해와 유럽 전역에서 미군의 작전이 지연되었다. 하지만 추축군은 작전 조율에 실패함으로써 미군의 이런 상황을 활용할 수 없었다. 일본이 산호해 해전과 미드웨이 전투에서 이긴 것이 아니라 패한 사실을 일본인들이 미완성 상태의 독일 항공모함 그라프체펠린을 구입해 태평양에 투입하기를 바랐을 때에야 독일이 비로소 알아차린 점은 양국 간 조율의 실패를 함축적으로 보여주었다. 이와 관련된 통신 활동을 감청한 미국은 독일이 일본의 요청을 거부한 사실에 실망했을 것이다.

확전

히틀러는 일본의 진주만 공습 소식을 듣자마자 독일 해군에 미국 및 서반구 8개국과의 싸움에 나설 것을 지시했다. 미국과의 전쟁이라는 희소식을 전하고 외교적 절차를 밟으려던 히틀러는 의회 소집에 필요한 3~4일을 기다리려고 하지 않았다. 이탈리아도 즉각 미국에 선전포고를 했다. 헝가리와 루마니아, 불가리아도 독일과 보조를 맞췄다. 루스벨트 대통령은 일본, 독일, 이탈리아에 대한 선전포고에 관해 의회에 메시지를 보냈다. 의회가 이를 즉각 통과시키는 사이에 루스벨트 대통령은 국무부에 지시해 선전포고 대상에서 빠진 나머지 3개국이 선전포고를 철회하도록 6개월 동안 설득하게 했다. 하지만 이들 국가가 단호하게 거부하자 1942년 6월에 협상을 포기했고, 미 의회는 맞선전포고로 대응했다. 독일과 동맹을 맺은 헝가리, 루마니아, 불가리아 지도자들의 의도가 무엇이었든 상관없이 독일과 이탈리아가 미국에 즉각적 위협이 된다는 사실은 의심의 여지가 없었다. 그것은 대서양과 카리브해에서의 잠수함 위협이었다.

미국과의 전쟁을 이미 예상했던 독일군 잠수함 사령관인 되니츠 제독은 일찌감치 미국 동부 연안에 잠수함 몇 척을 보냈다. 1942년 전반기에는 연합국의 호송체계가 시행되지 않고 해안에서 등화관제가 실행되지 않은 탓에 독일군 잠수함은 연합국 상선 다수를 격침시켰다. 독일군 잠수함은 밤에 수면 위로 떠올라서 호텔, 모텔, 주택가 불빛을 배경으로 실루엣이 드러나는 선박에 어뢰 공격을 했다. 독일군의 활동은 1942년 대부분 동안 해군 통신 활동을 감청하는 연합군을 방해했던 해군 암호 체계의 변경에도 도움을 받았다. 마치 미 해군의 이런 실패가 충분하지 않은 듯, 미군 잠수함에 재앙이라고 불릴 만한 사건도 벌어졌다. 미 해군에 제공된 어뢰가 대책이 없을 정도의 불량품이라는 사실이 드러난 것이다. 전쟁 초기 독일 해군에도 비슷한 문제가 있었지만 미군측에 비하면 조기에 개선되었다. 미국 잠수함 사령관과 승조원들은 1943년에야 자신들이 일본 함정에 쏘는 어뢰가 적절한 수심에서 운용하고 목표물을 타격했을 때 터진다고 믿을 수 있었다. 연합국은 석유를 비롯한 물자의 금수 조치에 따른 일본 해군 및 산업의 극단적 취약성을 전쟁이 본격화될 때까지 활용할 수 없었다.

이제 모든 주요 열강이 전쟁에 동참했다. 1942년 1월 워싱턴에서 열린 연합국 회담에서 참가국들은 스스로를 유엔이라고 불렀다. 연합국은 이 이름하에 함께 싸웠고 나중에 새로운 국제기구를 조직하게 된다. 추축국에서는 이와 비슷한 기구가 등장하지 않았다.

제 6 장

전세 역전: 1942년 가을~1944년 봄

독일의 1942년 공세와 동부 전선에서의 재앙

1942년 4~5월에 동부 전선을 근본적으로 안정시킨 독일은 그해의 공세, 즉 '청색작전'에 돌입했다. 독일군은 1941년에 치른 손실 때문에 전체 전선에서 공세를 재개할 수 없었다. 캅카스 유전을 점령하기 위해 남부에서는 한 차례만 공세를 벌일 예정이었는데, 이는 소련에 꼭 필요한 자원을 빼앗는 동시에 추축국의 전쟁 활동에 큰 도움이 될 작전이었다. 이 공세가 성공하려면 독일군 진격 부대의 측면을 늘이기도 해야 했다. 1941년에서 1942년 사이의 겨울에 독일은 동맹국인 루마니아, 이탈리아, 헝가리에 동부 전선에 대한 지원을 강화하도록 촉구했고 동맹들도 거기에 호응했다. 하지만 독일은 동맹국들에 필요한 대공포 등의 현대식 장비를 제공하지 않았고,

1942년에서 1943년 사이의 겨울에 동맹국 군대가 지키던 전선이 소련군의 공세에 돌파되자 깜짝 놀라게 된다.

전선 남부에서 소련군은 겨울 공세로 상당한 성과를 거두었지만 독일군이 6월 28일 개시한 청색작전 전까지 대부분의 공세는 독일군의 저지로 완결되지 못했다. 소련군 예비전력 다수는 독일군의 공세가 모스크바에서 진행될 것으로 잘못 예상한 탓에 모스크바 전방에서 대기했다. 따라서 독일군은 초기에 상당한 거리를 진격했다. 두 가지 상황이 전반적 전황에 영향을 끼쳤다. 첫째, 스탈린은 처음으로 전선 지휘관들에게 적절한 후퇴를 허락했고, 그에 따라 독일군은 1941년의 경우처럼 포위 공격으로 대규모 병력을 포로로 붙잡는 데 실패했다. 둘째, 독일은 탈환한 로스토프를 통해 1개 집단군을 캅카스에 투입했을 뿐 아니라 또다른 집단군을 예상 점령지의 북쪽 측면을 보호하기 위해 스탈린그라드의 볼가강으로 향하게 했다. 독일군은 처음에는 상당한 거리를 진격했지만 점차 느려지더니 결국에는 진격을 멈추게 된다. 한편, 독일군은 이전 싸움에서 잃은 병력과 물자를 완전히 대체할 수 없었던 반면, 소련군 부대는 치열하게 싸웠고 차츰 싸움에 능숙해졌다. 남부 지역에서 독일군은 마이코프 유전을 점령했지만 8월 말 북해 연안의 노보로시스크와 캅카스 지역의 그로즈니에서 멈춰 섰다. 그와 동시에 스탈린그라드로 향한 독일군은 볼가강

11. 1942~43년 독소전쟁

에 도달했지만 스탈린그라드와 그 주변에 멈춰 섰다.

독일군은 스탈린그라드에 포격을 퍼부으며 진격했다. 소련군은 도시 곳곳에서 싸웠고, 특히 도심 전선 북부에서 계속 반격했다. 점점 더 많은 독일군 부대가 시가전에 나서는 동안 소련군은 볼가강을 가로질러 증원 병력을 투입했다. 독일군 2개 집단군은 약 320킬로미터나 떨어져 있었기 때문에, 힘들게 진격하는 동안 서로 지원할 수가 없었다. 소련군은 모스크바 전방 전선에서 초반에 소규모 공세에 나섰다가 나중에 대공세로 전환했지만, 전해에 독일군이 차지한 위치에서 그들을 내쫓지는 못했다.

스탈린그라드의 상황은 달랐다. 스탈린그라드로 향하는 독일군의 측면은 일부 독일군 부대의 지원을 받은 루마니아군이 주로 담당했다. 소련군 사령부인 스타프카는 스탈린그라드에 증원부대를 투입하고, 시가전을 벌이던 독일군의 북부와 남부 측면에 대한 대공세를 준비했다. 서방 연합군 부대가 북서아프리카에 상륙해 서부에서 독일군의 발이 묶이기만 기다리던 소련군은(이에 대해서는 뒤에 가서 다루겠다) 11월 19일 우라누스 작전에 착수했다. 북부와 남부에서 대규모 소련군 기갑부대와 보병이 루마니아군과 독일군의 수비를 돌파해 며칠 뒤 조우했다. 소련군이 정식으로 합류하기 전이었지만 히틀러는 진행되는 포위를 돌파할 새로운 집단군을 창설했고, 곧 원수로 진급한 프리드리히 파울루스에게 현위치를 사수하라고 지시했다. 독일 공군은 독일 제6군과 고립지역에 있던 소속 부대를 지원하고 새로 창설된 집단군은 포위를 뚫을 예정이었다. 독일군의 공세는 12월 12일에 시작되었지만 실패했다. 뒤이어 소련군이 포위된 독일군을 공격했고, 스탈린그라드 북서 전선에서 버티고 있던 이탈리아군을 괴멸시켰다. 폐허가 된 스탈린그라드에서 마지막까지 생존한 독일군은 1943년 1월 말에 항복했다. 스탈린그라드 전투와 이 싸움에서 독일군이 패한 사실은 몇 개월간 전세계 뉴스의 헤드라인을 장식했고 연합국과 추축국의 여러 국가 모두에 전쟁의 큰 전환점으로 받아들여졌다. 실질적 측면에서 스탈린그라드 전투는 독일로 하여금 캅카스로 진격한 집단군이 차단당하지 않도록 철수시키게 만들었다. 이 부대는 앞서 점령한 땅의 일부인 쿠반강 교두보에서 버티고 있었다. 히틀러는 이 부대가 1943년에 캅카스를 재공격하기를 기대했다. 하지만 이 무렵 전력이 약해진 독일로서는 불가능한 것으로 드러났고, 1943년 10월 초 독일군 부대는 이 지역에서 철수했다.

독일군의 남부 전선이 붕괴되자 소련은 무리를 해서라도 신속하게 상대를 밀어붙이고 싶어했다. 1943년 2월 독일군은 진격하는 소련군 부대를 공격해 하리코프(하르키우)를 탈환함으로써, 소련군 지휘부에 비록 스탈린그라드에서 소련이 승리했더라도 여전히 아주 힘든 싸움을 앞두고 있다는 사실을 일러주었다. 스탈린이 소련군 지휘관들의 건의에 귀를 기울여서 수비로 전환해 1943년 독일군의 여름 공세를 기다렸다가 대공세에 나선 것은 이런 경험 때문일지도 모른다. 쿠르스크 주변 돌출지역은 양측 모두에게 다음번 주요 격전지가 될 것이 분명해 보였다. 소련군은 이 지역을 가장 강력한 요새로 만들었고 독일군은 남북 양쪽에서 공격할 태세를 갖췄다. 독일군의 공세는 재보급이 이루어지면서, 특히 신형 중전차 5호 판터와 6호 티거가 공급되면서 번번이 연기되었다. 이 전차들은 1941년 소련군이 더 크고 성능 좋은 전차를 갖고 있다는 걸 알게 된 뒤 주문과 설계가 이루어진 것이었다.

1943년 동부 전선의 주도권과 지중해의 전세 변화

7월 5일 독일은 쿠르스크 돌출부에서 소련군을 괴멸시키고 동부 전선의 주도권을 되찾기 위해 치타델 작전을 개시했다. 독일군은 며칠간 전선 양 부분에서 격전을 벌인 뒤 앞으로 치고나가 소련군에 엄청난 피해를 입혔지만 여전히 돌파하지는 못했다. 사상자 수에서 독일군은 비록 소련군에 비해 적었지만 손실된 전력을 감당할 수 없었고, 의미 있는 돌파를 할 수 없다는 사실은 작전상 큰 실패를 뜻했다. 독일군이 쿠르스크

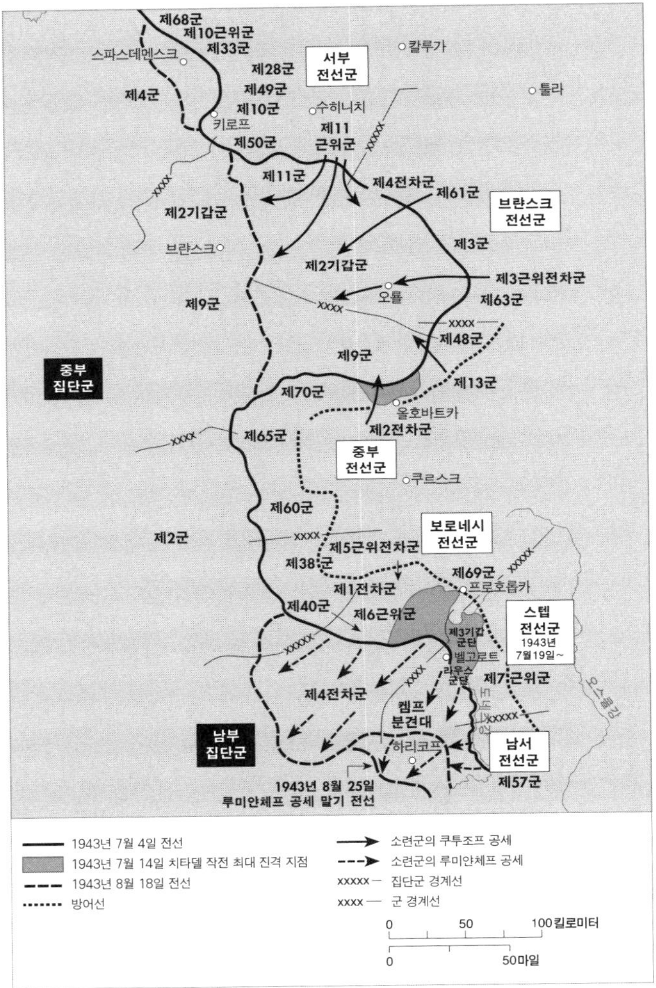
제68군
제10근위군
제33군
스파스데멘스크
제28군
서부 전선군
칼루가
제49군
툴라
제4군
제10군
수히니치
키로프
제11 근위군
제50군
xxxxx
xxxx
제11군
제4전차군
제61군
브랸스크 전선군
제2기갑군
제3군
브랸스크
제2기갑군
제3근위전차군
오룔
제9군
xxxx
제63군
xxxx
제48군
제9군
중부 집단군
제13군
제70군
올호바트카
xxxx
제65군
제2전차군
중부 전선군
쿠르스크
제60군
보로네시 전선군
제2군
xxxx
제5근위전차군
xxxxx
제38군
제69군
제1전차군
프로호롭카
제40군
제6근위군
스텝 전선군 1943년 7월19일~
제3기갑 군단
xxxxx
벨고로트
xxxx
라우스 군단
제7근위군
오스콜강
제4전차군
도네츠강
xxxxx
켐프 분견대
남부 집단군
하리코프
남서 전선군
제57군
1943년 8월 25일 루미안체프 공세 말기 전선
1943년 7월 4일 전선
1943년 7월 14일 치타델 작전 최대 진격 지점
1943년 8월 18일 전선
방어선
소련군의 쿠투조프 공세
소련군의 루미안체프 공세
xxxxx 집단군 경계선
xxxx 군 경계선
0 50 100킬로미터
0 50마일

12. 쿠르스크 전투

돌출부를 공격한 뒤 실행된 소련군의 오룔 지역 공세뿐 아니라 서방 연합군의 시칠리아섬 상륙 소식 때문에 독일군의 공세 종료 시점은 앞당겨졌다. 이때부터 소련군이 주도권을 쥐었고, 소련 공군은 독일 공군이 독일 본토와 지중해에 분산되어 전력이 약해진 전장에서 제공권을 장악하며 유리한 상황을 활용했다.

소련군의 일련의 대규모 공세로 중부 전선의 독일군은 후퇴해 우크라이나까지 밀려났다. 그해 말에는 레닌그라드 포위도 뚫렸다. 이런 공세 작전에서 소련군 장교들은 이미 배운 게 많았었다는 것을 보여준 반면에 독일군의 전력은 눈에 띄게 약해지고 있었다. 전차 성능에서 소련의 우위가 다소나마 꺾였지만 보유 대수에서 소련군이 크게 앞섰기 때문에 독일군은 상대방의 결연한 공세를 막을 방법이 없었다. 전차 대부분은 소련 공장에서 생산되었고, 일부는 미국이 무기대여법에 따라 제공한 것이었다. 전차부대는 언제나 놀랄 만한 규모의 야포 지원을 받았고, 그해 말에는 두 가지 중요한 이점을 누렸다. 우선은 파르티잔이 결정적 시간과 장소에서 작전 지시를 받은 경우 독일군의 통신과 수송을 방해했다. 다른 한편으로 1942년 초부터 라인하르트 겔렌 장군이 있던 동부 전선 독일군 정보부는 거의 항상 소련군의 거짓 정보에 속아넘어갔고, 겔렌은 대책이 없을 정도로 무능했다. 1944년 봄 소련군은 자국에 남아 있는 독일군을 제대로 괴멸시킬 방법을 결정할 수 있었고, 동맹국과 함께 시간을 조율했다.

한편, 하나의 전선에 집중할 수 있었던 소련과 달리 서방 연합국은 여러 전선에서 싸움을 벌이고 있었다. 1942년 7월 이집트에서 독일-이탈리아의 진격을 마지막으로 저지하던 영국군은 미군의 지원을 받으며 공세를 준비했다. 실행은 10월 말에 이루어졌다. 연합군은 엘 알라메인에서 벌어진 힘든 싸움에서 추축군을 항복시키고 잔존 부대를 이집트와 리비아의 사막으로 몰아갔으며, 결국 프랑스령 북서아프리카에서 영미 연합군 상륙부대와 합류하게 된다. 연합국은 '토치 작전'이라는 상륙 작전으로 11월 8일 모로코와 알제리의 대서양 및 지중해 해안 상륙에 성공했다. 처음에 비시 프랑스 부대는 상륙 부대에 반격했지만 연합군 사령관 드와이트 아이젠하워는, 병상에 누운 아들 때문에 그곳에 있던 비시 프랑스군 지휘관 프랑수아 다를랑과 협상을 했다. 싸움을 끝내고 다를랑 휘하의 일부 프랑스 병력이 연합군에 합류하도록 하는 내용이었다. 튀니지에 있던 비시 정부 군사령관은 시칠리아에서 서둘러 지중해를 건너 투입된 독일군과 이탈리아군에 저항하지 않았고, 이 때문에 추축국은 튀니지 수도 튀니스와 북부 항구도시 비제르트(반자르트)의 주요 지점을 확보해 연합군의 진격을 저지할 수 있었다. 이 사건들은 더 넓은 전쟁의 맥락에서 봐야 한다. 히틀러는 북서아프리카에서 연합군을 내쫓으려 했지만 스탈린그라드에서 실행된 소련의 공세 때문에 충분한 전력을 보낼 수 없었다. 다른 한편으로 튀니지에 투입된 독일군은 스탈린그라드 포위를 돌파하는 활동에 동원될 수 없었다. 이것이 서방 연합군에 끼친 결정적 영향은, 엘 알라메인에서 철수한 부대까지 합류한 추축군으로부터 튀니지를 빼앗는 작전을 할 필요성 때문에, 영불해협을 건너 유럽 본토를 공략하기 위해 아프리카 주둔 연합군 병력을 영국으로 이동시킬 시간이 1943년 나머지 기간에 충분하지 않게 된 점이다. 그래서 결국 유럽 본토 공략 작전을 1944년으로 연기해야 했다.

튀니지 전투 기간(1942년 11월~1943년 5월)에 미국과 영국의 정치 지도자 및 군 지휘관들은 향후 조치를 논의하기 위해 1943년 1월 카사블랑카에서 만났다. 1943년에는 프랑스 공략이 불가능하다는 것이 분명했다. 서방 연합국은 그해 추축국을 상대로 하는 싸움에 제대로 기여하기 위해 우선 튀니지에서 승리한 뒤 최대한 서둘러 시칠리아를 공략하고, 가능한 한 이탈리아 본토도 공격하기로 결정했다. 독일에 대한 공습은 차츰 규모를 키워가며 진행할 예정이었다. 미군은 주간에 산업 시설을 비롯한 주요 목표에 공격을 집중하고, 영국 공군은 야간 도시 폭격에 계속 집중할 생각이었다. 연합국으로서는 함정 건조 능력보다 훨씬 빠른 속도로 매월 함정 손실이 계속되었기 때문에 1943년에는 대잠수함 작전을 최우선적으로 배정했다. 다를랑(나치 부역자로 악명이 높았다—옮긴이)과의 협상으로 영국과 미국에서 벌어진 논란을 잠재울 뿐 아니라 나치 치하의 프랑스 공략을 연기한 조치가 서방 연합국의 전쟁 활동 완화를 의미하는 것은 아님을 소련에 재확인시키기 위해, 영미 양국은 오래전 합의대로 추축국이 무조건 항복해야만 한다는 요구를 공개적으로 표명했다. 이탈리아는 면제해주자는 제안을 영국 내각이 반대하자, 루스벨트와 처칠은 카사블랑카에서 특별성명을 내는 방안을 마련했다.

카사블랑카 회담이 진행될 무렵, 다를랑은 이미 한 프랑스 왕정주의자에 의해 암살된 상태였다. 루스벨트 대통령과 처칠 수상은 자유프랑스 지도자인 드골과 독일 포로수용소에서 탈출한 앙리 지로 장군을 화해시키려고 애썼다. 드골은 곧 지로를 무시하고 알제리 수도인 알제에 프랑스 임시정부를 수립했다. 상당수 북아프리카 주둔 프랑스군이 더 규모가 큰 영국군과 미군에 합류했다. 영미 연합군은 튀니지에서 리비아를 가로질러 진격한 영국군과 영미 연합군 사이에서 갇힌 추축군을 상대로 싸웠다. 튀니지 전선 남단 인근의 카세린 협곡에서 독일군은 전투 경험이 없던 미군 일부를 격퇴시켰지만 멈춰 섰고, 뒤이은 몇 개월 사이에 튀니지 북동쪽 끝으로 밀려났다. 그곳에서 1943년 5월 초 추축군 27만 명이 항복했다.

독일군 수송기가 스탈린그라드에 포위된 독일군을 지원하면서 튀니지에 있는 추축군을 지원할 수 없었던 것처럼, 시칠리아에서 튀니지를 오간 항공기도 스탈린그라드 고립 지역에 대한 항공 지원을 늘릴 수 없었다. 마찬가지로 일본군의 공격을 받은 미군은 전력을 태평양으로 전환시킬 수밖에 없었고, 유럽의 추축국도 여러 전선에서 동시에 교전해야 했다.

바다와 하늘에서의 전쟁

튀니지에서 추축국의 항복에 뒤이은 작전, 그리고 시칠리아와 이탈리아 본토 상륙은 연합국이 가장 우선시한 바다에서의 전세 역전을 전제로 했다. 1943년 3~4월에 독일군 잠수함을 상대로 벌인 호송선 전투의 난관에도 불구하고, 연합국은 5~6월에 큰 승리를 거두었다. 영국·미국·캐나다 해군은 더 많은 장거리 항공기, 호위 항공모함, 함대 레이더, 호위전함을 동원했다. 연합군이 독일 해군의 새로운 암호를 해독해서 독일군 잠수함을 대거 격침시키자, 독일군 잠수함 사령관인 되니츠 제독은 북대서양을 포기했다. 히틀러는 신형 잠수함 2척을 개발하도록 되니츠를 독려했다. 또한 동부 전선 북부에 대한 전략보다 발트해 제해권을 우선시해서 신형 잠수함을 시험 운영하고 승조원들이 훈련을 받을 수 있게 했다.

하지만 이 전력이 준비된 1945년 4월에는 이미 전쟁이 끝나가고 있었다. 반면에 연합국은 함정 건조가 전체 함정 손실을 넘어서고 또 계속해서 상황이 호전된 1943년 가을에는 함정 손실로 인한 전략 수립의 제한을 떨쳐버릴 수 있었다.

1942~43년에 영미 양국은 독일과 독일이 장악한 유럽에 대한 공습을 대폭 늘렸다. 1943년 7월 함부르크에 대한 영국 공군의 대규모 공습은 처음으로 화재 폭풍을 일으켰다. 화재 폭풍은 이후 공습에서 여러 번 되풀이된 일종의 도시 재해(공습에 의한 직접적 피해보다는 도시의 방재 능력 부족이나 환경의 원인으로 확대되는 2차 피해가 큰 재해—옮긴이)였다. 전략 폭격의 효율성에 관해 전쟁 전후로 어떤 논쟁이 벌어졌든 간에 이런 작전의 효과들은 확실했다. 나치 정권이 1919년 파리강화조약에 따른 속박을 깨트린 점에 열광했던 독일인들은 이제 1차 대전의 승리자들이 막고자 했던 것을 몸소 경험하게 되었다. 1945년 이후 독일의 몇몇 도시는 의도적으로 주요 폐허 건물, 특히 교회를 그대로 두었다. 전후 세대에 전쟁의 참상을 일깨워주기 위함이었다. 공습의 또다른 주된 효과는 산업 생산, 교통 체계, 주요 합성유 산업의 상당한 붕괴를 가져온 것이었다. 1943년 무렵 독일군은 야포보다 대공포를 더 많이 발사했고, 1944년 무렵에도 지상 목표물을 겨눈 포보다 하늘을 겨눈 포가 더 많았다. 게다가 말 그대로 수십만 명, 즉 죄수를 비롯해

결국에는 어린 소년소녀들까지 대공포 운용에 동원되었다. 전쟁 기간에 독일이 잠수함 1000척을 건조하지 않았다면 거기에 쓰인 자재로 동부 전선에 투입할 전차 3만 대를 생산할 수 있었을 것이다. 이와 마찬가지로 독일이 공습 작전에 대처하기 위해 자원을 전용한 것은 독일군과 대부분의 싸움을 벌였던 소련군을 도왔다.

독일이 대공 방어를 위해 자원을 전용한 사실은 1943년 가을 서방 연합군을 상대로 한 공중전에서 전세를 역전시킬지도 몰랐다. 대공포와 더불어 독일군의 전투기 다수는 공격해오는 폭격기에 점점 더 큰 손실을 입혔다. 손실률이 높은 수준에 이르자 연합군은 작전을 바꿔야 했다. 서유럽에서 완벽한 제공권 장악은 독일의 영국 침공만큼이나 중요한 연합국의 서유럽 공략의 필요조건이었기 때문이다. 폭격기가 목표지점에 도달할 때까지 전투기가 호위할 필요성이 F-51 머스탱 전투기의 성공적인 역할과 1944년 2~3월 대규모 공중전까지 이어진 것은 이런 맥락에서였다. 이후 유럽의 전황은 두 가지 사실에 큰 영향을 받았다. 우선은 독일이 1943년 6월 바다에서 패배를 뒤엎는 데 실패했다는 점이고, 둘째는 연합국 공군이 그해 가을 직면했었던 문제를 극복하는 데 성공했다는 점이다.

시칠리아와 이탈리아 전역

영미 연합군이 튀니지 전역 직후에 실행한 후속 조치는 1943년 7월 10일 '허스키 작전'이라는 이름으로 시칠리아에 상륙한 것이었다. 해상 상륙 이전에 독일이 공략 지점을 잘못 예상하도록 했던 기만 작전과, 비록 연합군에도 큰 혼란을 주었지만 상륙에 조금이나마 도움이 된 공수부대의 공격이 실행되었다. 이탈리아군 부대는 상대적으로 일찍 붕괴된 반면에 독일군 부대는 격렬하게 반격하며 한때 시칠리아섬 남부 도시 젤라에 상륙하는 미군 부대에 괴멸적 위협을 가하기도 했다. 영국 제8군이 시칠리아섬 남동부 끝에서 난관에 처하자 제8군 사령관인 몽고메리 장군은 작전 계획상 패튼 장군의 제7군에 할당된 주요 도로 중 하나를 제8군이 차지하게 했고, 결과적으로 패튼 장군은 북서부 끝에 있는 섬 최대의 도시 팔레르모로 향했다. 작전은 잘 진행되어 독일군을 섬의 북동부로부터 몰아내는 데 성공했지만, 독일군 다수는 메시나해협을 건너 탈출해버렸다.

연합국의 시칠리아 점령은 전반적인 전황에 세 가지 주요한 영향을 끼쳤다. 우선 무솔리니의 몰락을 재촉했다. 무솔리니는 7월 25일 파시스트 동지들에 의해 쫓겨난 뒤 국왕 비토리오 에마누엘레 3세의 지시로 체포되었다. 파시스트 정권이 식민 제국을 잃은 탓에 파시즘은 이미 이탈리아 국민들로부

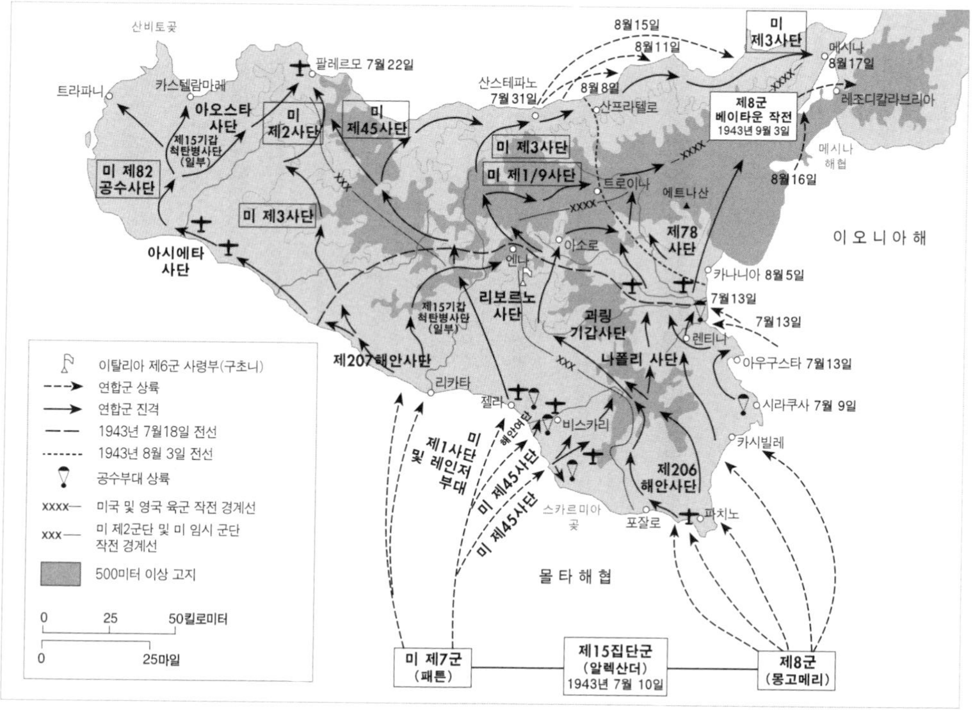
산비토곶
트라파니
카스텔람마레
팔레르모 7월 22일
아오스타 사단
제15기갑 척탄병사단 (일부)
미 제82 공수사단
미 제2사단
미 제45사단
미 제3사단
아시에타 사단
산스테파노 7월 31일
8월 15일
8월 11일
8월 8일
산프라텔로
미 제3사단
메시나 8월 17일
레조디칼라브리아
제8군 베이타운 작전 1943년 9월 3일
메시나 해협
8월 16일
미 제3사단
미 제1/9사단
트로이나
에트나산
제78 사단
이 오 니 아 해
아소로
엔나
카나니아 8월 5일
7월 13일
7월 13일
리보르노 사단
제15기갑 척탄병사단 (일부)
괴링 기갑사단
렌티니
나폴리 사단
아우구스타 7월 13일
시라쿠사 7월 9일
카시빌레
제207해안사단
리카타
젤라
해안어
비스카리
미 제1사단 및 레인저 부대
미 제45사단
미 제45사단
제206 해안사단
스카르미아 곶
포잘로
파치노
몰 타 해 협
이탈리아 제6군 사령부(구초니)
연합군 상륙
연합군 진격
1943년 7월18일 전선
1943년 8월 3일 전선
공수부대 상륙
xxxx— 미국 및 영국 육군 작전 경계선
xxx— 미 제2군단 및 미 임시 군단 작전 경계선
500미터 이상 고지
0 25 50킬로미터
0 25마일
미 제7군 (패튼)
제15집단군 (알렉산더) 1943년 7월 10일
제8군 (몽고메리)

13. 시칠리아 전역

터 지지를 못 받는 상태였다. 다음으로 이탈리아는 군이 헌신해야 할 이해관계가 없는 동부 전선에서 엄청난 희생을 치렀다. 마지막으로 이탈리아는 대체로 자국민이 싫어하는 독일과 전적으로 보조를 맞췄으며, 특히나 이제는 독일군이 히틀러의 명령에 따라 이탈리아로 몰려드는 상황이었다. 마지막 사항은 시칠리아 전역의 둘째 사항의 결과와 관련이 있다. 독일군 최고 사령부가 보기에 이탈리아군과 국민이 전쟁에 지친 것이 분명해짐에 따라, 독일군이 이탈리아 자체를 방어해야 할 뿐 아니라 프랑스, 유고슬라비아, 그리스의 독일 점령지에 배치된 이탈리아군을 대체해야 한다는 사실을 깨달았다. 이런 깨달음은 특히 1943년 이탈리아의 항복으로 뼈저리게 느꼈지만, 이미 수개월 전 시작되었다.

시칠리아에서 연합국 승리의 셋째 결과는 둘째 결과와 밀접한 관련이 있다. 연합국이 이탈리아 본토를 공략하기로 결정했을 때, 무솔리니의 뒤를 이은 피에트로 바돌리오 정부는 항복 협상에 나섰다. 연합군의 이탈리아 본토 상륙 작전은 1943년 9월에 실행되었다. 영국군은 이탈리아의 발끝에 상륙했고, 영미 연합군은 나폴리 인근 살레르노에 상륙했다. 독일은 상당수 전력을 이탈리아 방어에 집중시킬지, 그냥 이탈리아를 포기할지 결정해야 했다. 결국 이탈리아를 방어하기로 결정한 독일은 2개 군을 투입했다. 이 때문에 동부 전선에서 후퇴하는 전력을 지원할 수도 없고, 프랑스와 벨기에에서 연합군의 상륙을 저지하는 데 필요한 병력을 증원할 수도 없었다.

이탈리아 전역에서 연합국 2개 군은 독일 2개 군과 맞서 싸워야 했다. 연합군은 제공권을 장악했지만, 방어에 유리한 지형이 이를 상쇄시켰다. 연합군은 격렬한 싸움을 벌이면서 이탈리아 반도를 밀고 올라갔다. 1944년 1월 연합군은 로마 남쪽의 안치오 해안에 상륙함으로써 교착 상태처럼 보이는 국면을 타개하려 노력했지만 원하는 결과를 얻지 못했다. 그사이 연합군이 남부 도시 포자를 장악했는데, 이곳은 연합군이 기대했던 대로, 독일이 장악했거나 손잡은 중부 및 남동부 유럽의 주요 지점에 도달할 수 있는 비행장을 제공했다. 1944년 여름 소련군이 대공세 계획을 세운 것과 마찬가지로, 서방 연합국은 거의 같은 시점에 이탈리아에서 새로운 대공세에 나설 예정이었다.

1942~43년의 태평양 전쟁

연합군은 북아프리카와 유럽에서 진격을 멈췄다가 다시 추축국을 밀어내는 한편, 태평양과 동아시아에서도 이와 흡사한 작전에 돌입했다. 미군은 미드웨이에서 벌어진 대규모 해군 방어 전투에 승리한 뒤 1942년 8월 초 솔로몬제도 공세에 나섰다. 솔로몬제도 남동부의 과달카날섬에서는 일본군의 비행 기지 건설이 진행되었는데, 이곳은 미국과 호주 간 해상로를 위협하던 지역이었다. 일본군은 증원 병력을 지속적으로 투입했다. 그 결과는 미국이 승리한 6개월간의 소모전이었다. 일본은 1943년 2월 과달카날에 남은 부대를 철수시켰다. 미국은 손실을 메우고 실제로 병력 증원을 할 수 있었지만 일본은 그럴 처지가 아니었다. 과달카날 일대의 상공과 지상에서 전투가 벌어졌고, 뉴기니에 주둔하고 있던 미군과 호주군은 코코다 통로를 가로질러 일본군을 밀어붙이며 뉴기니섬의 북쪽 해안에서 일련의 상륙을 감행했다.

마침내 미국은 동아시아에서 두 차례 추가적인 공세의 지원을 받는 가운데 태평양에서 이중 공격으로 일본군을 물리치는 전략을 모색했다. 남서 태평양에서 더글러스 맥아더 장군이 이끈 일련의 상륙 작전은 일본 본토 공격을 위한 근거지인 필리핀에 도달하기까지 일본이 초기 공세에서 차지한 섬들을 통과했다. 중부 태평양에서 체스터 니미츠 제독 휘하의 해병과 육군 부대는 일본이 장악한 알류샨열도의 섬 2개를 탈환하고 일본이 영국으로부터 빼앗은 여러 섬과 1차대전 뒤 일본의 위임통치령이 된 섬을 관통하여 필리핀이나 타이완으로 향한 다음 일본을 칠 예정이었다. 일본 본토와 훨씬 가까이에 있는 중국이 제3의 공세에 나서고, 독일을 상대로 이긴 소련이 북쪽에서 공격해 중국에 있는 일본군을 뒤흔들며 또다른 방향에서 일본 본토를 위협할 것으로 기대했다.

1937년 이후에는 중국에서 중일전쟁이 벌어지고 있었으므로 이 전역에 관심을 돌리는 것이 도움이 될지도 몰랐다. 중국에 주둔한 일본군은 종종 국민당 정부가 장악한 지역을 공격했지만 지속적인 반격에 부딪쳤다. 미국은 중국에 있는 소규모 전투기 부대를 지원했고, 일본 본토까지 갈 수 있는 폭격기를 추가로 투입하고자 했다. 일본군이 장악한 버마 북부를 정리하기 위한 미국과 영국의 협력 활동은 국민당에 대한 지원 확대뿐 아니라 폭격기 전개를 가능하게 하는 것이 그 주요 목적이었다. 새로운 연결 도로를 건설하거나 일본군이 차단한 기존 도로가 재개통될 때까지는 '혹(The Hump)'으로 불린 인도 북동부 아삼주에서부터 히말라야를 가로지르는 공수 작전으로 일부 보급품을 수송했다.

1944년 여름에는 일본군이 두 지역에서 대공세에 나섰는데, 이는 세 가지 요소가 합쳐진 결과였다. 미군 장거리 폭격기가 일본 본토에 도달할 수 있도록 중국에 비행 기지가 건설되고, 아삼주에서 시작되는 항공 보급로가 늘고, 연합군 잠수함의 일본군 함정 격침이 증가하자, 일본이 중국에서 '이치고(一號)' 공세에 나서기로 결정했던 것이다. 새 비행장을 장악하는 한편, 연합군의 일본 상선 격침으로 고립된 동남아시아의 일본군 점령지와 연결되는 철도를 개통하는 것이 그 목적이었다. 또한 버마에서 아삼주로 향하는 대공세는 항공 보급로를 차단하고 인도에서 봉기를 일으킬 가능성이 있었다. 중국에서의 공세는 완벽하게 성공했다. 장기적으로 이 공세는 추후 벌어질 중국의 내전에서 공산당이 승리하는 길을 여는 데 도움이 되었다. 단기적으로는 중국을 발판으로 일본을 폭격하려는 시도와 일본 본토를 공략하려는 계획을 효과적으로 차단했다. 아삼주 침공은 영국-인도군이 임팔-코히마 전투에서 일본군을 괴멸시킨 뒤 버마 중부와 남부에서 일본군을 제압하기 시작하면서 일본 육군의 대패로 끝났다.

남서 태평양에서 일부 호주군의 지원을 받은 미군은 솔로몬제도, 애드미럴티제도, 뉴기니 북부 해안에서의 일련의 상륙으로 일본군을 밀어붙였다. 1944년 여름 미군은 잔존 일본군 점령지에 이르렀고, 필리핀에서 미군이 공격을 준비하면서 일본군 기지는 사실상 고립되었다. 중부 태평양에서는 길버트제도의 타라와섬 상륙을 비롯한 일련의 상륙을 통해 마리아나제도로 이동했고, 이 일대에서의 첫 상륙은 1944년 6월 사이판에서 이루어졌다. 이 과정에서도 일본군과 일본군 기지는 버려졌고 일본 해군은 괴멸했다. 일본군 암호를 해독하고 개선된 어뢰를 사용함으로써 일본 함정을 상대로 한 연합군의 잠수함 작전은 이제 효과적으로 실행되었고, 일본은

1941년에서 1942년 사이 겨울에 장악한 영토의 자원에 의지하기는 점점 더 어려워졌다.

점령지의 저항과 전세 변화에 따른 중립국 정책

모든 전역에서 연합국이 전세를 뒤집은 확실한 표식은 독일, 이탈리아, 일본이 전쟁 초기에 장악했다가 그때껏 유지하던 지역에서 저항 운동을 촉발하는 역할을 했다. 덴마크와 노르웨이뿐 아니라 서유럽과 동남부 유럽이 그런 지역이었다. 필리핀이나 네덜란드령 동인도를 비롯해 일본군이 줄곧 장악하던 지역에서와 마찬가지로, 그런 지역에서 점령군이 저지른 끔찍한 행동은 저항이 확산되는 원인을 제공했다. 연합국은 종종 저항 단체와 접촉해 무기를 제공했다. 영국 정부가 유고슬라비아 상황과 관련해 왕정주의자 부대인 체트니크를 지원하다가 공산주의자 파르티잔 지원으로 전환한 것은 유고슬라비아 내전에서 파르티잔이 승리하고 전후 유고슬로비아 지도자 티토가 소련으로부터 독립하는 데 기여했다.

전세의 확실한 전환은 그때까지 중립을 유지하던 일부 국가의 행동에도 영향을 끼쳤다. 터키는 독일로의 크롬 반출을 줄이고 1945년 2월에는 독일에 선전포고를 했다. 포르투갈은 대서양 전투에서 연합국이 아조레스제도를 이용하는 상황에 크게 반대하지 않았고, 스페인은 동부 전선에서 독일 편에 서서 싸우는 병력을 줄였다. 스웨덴도 독일에 대한 지원을 서서히 줄였고, 스위스만 전쟁 마지막 주까지 독일을 경제적으로 지원했다.

전세 변화에서 한 가지 중요한 요소는 연합국이 적어도 각국의 활동을 조정하려는 의지였다. 회담에서, 그리고 외교적이고 군사적 임무에서 각국은 잦은 논쟁과 이견에도 불구하고 이를 실행했다. 1943년 모스크바, 카이로, 테헤란에서 열린 회담은 이런 절차를 대외적으로 상징했고, 특히 미국과 영국은 효과적으로 협력하는 법을 배웠다. 반면에 독일, 이탈리아, 일본은 전력을 조율하거나 동맹국과 정보를 공유하려는 노력을 하지 않았다. 연합국은 때때로 비밀 정보까지 공유했지만, 추축국은 그러지 않았다.

제 7 장

각국의 국내 상황과 기술·의료 분야의 발달

독일

전쟁이 침략국의 국내 전선에 준 충격은 드라마틱했다. 독일에서 배급 제도는 1939년 8월 말에 시작되었다. 전쟁 기간 거의 내내 독일의 배급량은 유럽에서 가장 많았고 개전 첫해에는 독일군이 점령한 땅에서 보낸 엄청난 양의 물자로 보충했다. 이런 물자에는 대량으로 약탈한 것과, 일부러 실제 가격보다 낮게 평가한 통화로 확보한 것이 포함되었다. 1943~45년 독일군이 후퇴하고 연합군의 폭격으로 수송 체계가 붕괴되면서 상황은 악화되었다. 공습으로 인해, 그리고 종전을 앞둔 7개월 동안 독일 본토에서 벌어진 전투로 인해 독일 주택의 상당수가 파괴되거나 피해를 입었다. 또한 의류와 가구를 비롯해서 살해한 유대인이나 점령지로부터 약탈한 물품도 떨어져, 국가사회주의 공공복지 기관이 공습 피해를 입은 독일인들에게 나눠줄 물자가 없었다. 그런 와중에도 히틀러, 괴링, 알프레트 로젠베르크 같은 나치 고위층 인사들은 유럽 곳곳에서 예술품을 약탈하는 데 시간과 수고를 아끼지 않았다.

1933년부터는 열등한 아이를 낳을 가능성이 있는 국민에게 강제로 불임 시술을 시키고 '정상적인' 자식을 많이 갖는 국민에게는 특별히 상과 훈장을 주는 정책이 종전 몇 주 전까지 별다른 반대 없이 지속적으로 실행되었다. 1939년부터는 정신적으로나 신체적으로 심각한 장애가 있는 사람과 요양원이나 양로원에 있는 사람을 모조리 죽이는 정책을 실행했다가 그리스도교계의 일부 반대에 부딪혔다. 1차대전에서는 패한 것이 아니라 국내 문제로 등뒤에서 칼을 맞았다고 믿는 지도층이 이끄는 나치 정권은, 그런 정책의 희생자들이 '아리아인'과 연고가 있었기 때문에, 불만을 잠재우기 위해 절차를 수정했다. 1941년 8월 이같은 학살을 중단하라는 지시가 공식적으로 떨어졌지만 점령 당국이 강제로 중단시킬 때까지 분권화된 형태로 지속되었다. 이 때문에 중앙에서 벌어지던 학살은 체계적인 유대인 학살을 위해 폴란드 점령지에 만든 새로운 기관에서 실행하게 되었다.

독일은 전쟁포로, 납치된 노예 노동자, 그리고 정권에 반대한다고 여겨지는 사람들이 수용된 수용소와 보조수용소로 뒤

덮였다. 말 그대로 수백만 명의 수용자들이 징병되지 않은 독일인들과 함께 노역에 동원되었다. 독일 사회는 앞서 구축된 경찰 시스템의 지속과, 이런 상황에 대한 보편적 인식, 그리고 고발의 공포에 영향을 받았다. 500만 명이 넘는 독일 군인과 민간인 수십만 명이 죽었음에도 불구하고 독일인 대다수는 종전 마지막 몇 주까지도 나치 정권을 지지했다.

폴란드

폴란드는 전쟁으로 인해 가장 극적으로 변화한 나라였다. 폴란드는 1939년에 독일 점령지와 소련 점령지로 분리되었다. 그뒤 독일은 소련에 할당된 지역을 점령했고, 나중에 소련은 다시 폴란드 전체를 점령했다. 최종적으로 폴란드는 동부 지역을 소련에 양보하고 서부와 북부의 과거 독일 영토를 확보해 옮겨갔다. 독일과 소련 둘 다 폴란드인 다수를 죽이고 해외로 추방했지만 두 국가의 정책에는 근본적 차이가 있었다. 독일은 세계 곳곳에 있는 유대인을 모조리 죽이기로 결정했는데, 그에 따라 300만 명이 넘는 폴란드 유대인이 살해당했고, 결국 숨거나 추방당한 극소수만 살아남았다. 소련은 많은 유대인을 그냥 추방했고 그 과정에서 다수가 죽었다. 하지만 생존자들은 중앙아시아로 쫓겨났기 때문에 독일의 손아귀에서 벗어나 있었다. 독일은 폴란드에서 그리스도교인을 완전히 제거할 계획을 갖고 있었다. 지식인과 성직자를 시작으로 나머지 사람들을 지속적으로 강제 노역에 동원하고 집단 불임 시술을 시키고 학살할 예정이었다. 독일군이 쫓겨나기 전, 폴란드 그리스도교인 약 300만 명이 이런 정책의 희생양이 되었다. 결국 이 지역에는 독일계 이주민만 거주하게 되었다. 반면에 소련은 그리스도교든 유대교든 상관없이 모든 폴란드인을 충실한 스탈린 공산주의자로 바꾸려고 했다. 그 과정에서 수십만 명이 죽거나 추방되는 것에는 개의치 않았다. 이런 조치를 1939~41년에 시작했고, 1944~45년 독일군을 내쫓은 뒤 재개했다.

폴란드가 점령되었을 때 내부적으로는 민족주의자와 공산주의자의 저항 운동이 일어났다. 민족주의자들의 활동은 전쟁 직후에 소멸했다. 폴란드 곳곳에서 잇따라 벌어진 싸움은 국토 대부분을 폐허로 만들었고, 특히 수도 바르샤바는 1944년 여름에 일어난 대규모 봉기 이후 독일군에 의해 조직적으로 철저하게 파괴되었다. 역설적으로 1944년에서 1945년 사이의 겨울에 소련군이 신속하게 진격함으로써, 폴란드가 확보한 북부와 서부 일부 지역은 파괴가 덜했다. 이 지역에서 독일인은 추방되었고, 주로 소련에 넘겨진 동부 영토에서 온 폴란드인이 정착했다. 새로운 서부 영토에서는 싸움이 진행되는 동안 여러 도시가 파괴되었지만 시골 지역은 달랐다. 독일과 소련 점령하의 폴란드에서 도망쳐 나온 다수의 폴란드인은 전후 고국으로 돌아가기를 거부했다. 고국에 세워지고 있는 공산주의 정권하에서 살기를 원하지 않았기 때문이다. 폴란드인과 우크라이나인 사이의 마찰은 전쟁 기간뿐 아니라 전후에도 지속되었는데, 여기에는 폭력 사태와 전후 다수의 우크라이나인이 강제로 재정착된 사정이 있었다.

덴마크와 노르웨이

폴란드가 전쟁으로 가장 많은 변화를 겪은 나라라면, 덴마크는 그 반대였다. 덴마크 정부는 1940년에 독일에 항복했지만 1943년 8월까지 행정 권한을 유지했다. 덴마크는 부분적으로 독일의 좀더 직접적인 권한 박탈을 피해갔고, 독일이 항복하는 바람에 싸우지 않고 해방을 맞이했다. 하지만 일부 체포 활동이 있었고, 서서히 저항도 심해졌다. 덴마크 농산물이 독일의 식량 배급에 도움을 준 반면, 1943년 독일이 유대인을 절멸시키기로 결정했을 때 덴마크인은 유대인을 배에 태워 스웨덴으로 보내거나 숨겨줌으로써 자국 내 거의 모든 유대인을 구해주었다. 덴마크와 아이슬란드의 유대는 전쟁 기간에 끝났다. 아이슬란드와 그린란드는 사실상 연합국 편에 섰고, 어느 쪽도 눈에 띄는 적의를 보이지 않았다.

노르웨이의 상황은 덴마크의 상황과 근본적으로 달랐다. 1940년에 싸움이 벌어졌고, 이로 인해 일부 피해가 있었다. 전쟁 마지막 몇 개월 동안 노르웨이 북동부에서 퇴각하던 독일군은 고의로 모든 건물과 시설을 파괴했다. 특수부대의 급습과 주민의 저항으로 일부 지역이 피해를 입었다. 연합국 편에 선 노르웨이 선박 다수가 전쟁 기간에 침몰했다. 하지만 주요 도시에는 피해가 없었다. 독일은 트론헤임을 자국의 주요 도시로 만들 예정이었지만 연합국의 승리로 물거품이 되었다. 전직 장관인 비드쿤 크비슬링은 독일 침략자에 대한 부역을 상징하며 배신의 아이콘이 되었다. 결국 크비슬링은 전후 재판을 받은 뒤 처형되었고, 그것은 부역 행위를 처리하는 한 가지 방식이었다. 전쟁의 또다른 희생자 중에는 독일군에게 사살된 저항 단체의 여러 구성원들과, 독일 외무부 서열 2위인 에른스트 폰 바이츠제커가 스웨덴의 제안을 거부했을 때 죽은 다수의 노르웨이 유대인이 포함되었다. 그러나 1945년 히틀러가 상당수의 노르웨이 주둔 독일군에게 연합군의 공격을 피하라고 사전에 명령함에 따라, 노르웨이 영토 대부분은 아무런 피해가 없었다.

네덜란드, 벨기에, 룩셈부르크 그리고 프랑스

네덜란드는 1940년과 1944~45년에 싸움과 공습이 벌어진 현장이었다. 독일군은 1944년 특정 지역을 범람시키기 위해 제방을 개방하기도 했고, 1944년에서 1945년 사이의 겨울에는 기아도 발생했다. 저항 활동은 인질의 대대적인 사살로 이어졌고, 대부분의 유대인은 사형장으로 보내졌다. 네덜란드령 서인도는 일본과 독일 모두로부터 안전한 곳으로 여겨졌고 동인도는 일본이 점령했다. 이 지역에서는 이전 식민 정부의 붕괴와 미군 및 호주군에 의한 해방으로 독립에 대한 열망이 고무되었다. 이것은 1945년 명목상의 반환 뒤 네덜란드의 통치가 곧 끝난다는 것을 의미했다. 망명 정부는 돌아왔고 전쟁의 영향을 심하게 받은 사회와 마주해야 했는데, 특히 전쟁 마지막 몇 개월 동안 이런 상황이 두드러졌다.

벨기에 역시 1940년과 1944~45년의 격전지였다. 특히 벌지 전투로 알려진 1944년 독일군의 아르덴 공세로 일부 지역이 큰 피해를 입었다. 점령 기간에 독일군은 저항 세력이나 저항 세력으로 의심되는 사람들을 다수 사살했고, 마지막 진격 과정에서도 주민들을 살육했다. 네덜란드 여왕과 달리 벨기에 국왕이 자국에 남아 독일에 항복한 사실은 망명 정부의 귀국 문제를 일으켰다. 독일군의 점령으로 동남부 왈롱과 플랑드르 주민 사이의 갈등이 증폭되었고, 대부분의 지역에서 유대인이 처형되었다. 벨기에가 안정되는 데는 여러 해가 걸렸고 내부 마찰도 지속되었다.

룩셈부르크는 1940년 신속하게 점령되어 독일에 합병되었다. 독일화된 지역에서는 점령 기간에 여러 움직임이 있었고, 1944년에서 1945년 사이의 겨울에는 일부 전투도 벌어졌지만 물리적 피해는 적었다. 한때 망명했던 샤를로트 여대공은 룩셈부르크가 독립하자 귀국했다.

프랑스의 내부 상황은 극도로 복잡했다. 이런 사실은 전쟁의 즉각적인 반향과 이후 국가의 정책과 논쟁, 기억에 영향을 끼쳤다. 1940년 5~6월 전투에서 일부 피해가 있었지만 이전 전쟁에서 입은 피해와는 크게 달랐다. 독일은 프랑스 대부분을 점령했고 1942년 11월에는 나머지 지역까지 점령했다. 다수의 인질이 사살되었고, 실제 저항 세력이나 그런 의심을 받은 세력, 그리고 수많은 단체가 괴멸되었다. 일부 유대인은 사형장으로 보내졌지만 다수는 프랑스 성직자와 유대인을 숨겨준 사람들의 반대로, 그리고 1944년 연합군의 공략으로 국외 추방 프로그램이 중단됨으로써 살아남았다. 이런 공략에 즈음해 이루어진 폭격은 특히 북부와 북동부에서 엄청난 민간인 사상자와 극심한 피해를 초래했다.

비점령 지역에 세워진 비시 정권은 1789년 이후에 이루어진 모든 변화를 돌려놓으려고 애썼고, 다음 세기 동안 공론의

장을 휘저어놓을 논쟁과 신화와 기억을 남겼다. 1944~45년에는 부역자나 부역한 것으로 의심되는 사람들에 대한 여러 즉결 처형이 벌어졌고, 이후로는 일부 부역 혐의자들에 대한 재판이 이루어졌다. 반나치 저항 운동도 전후 논쟁에서 나름의 신화를 남겼다. 비시 정권에 충성한 곳과 자유프랑스 지도자 드골을 따르는 곳으로 나뉜 광대한 프랑스 식민 제국은 여러 차례 싸움을 벌였고 전쟁 말기까지 반식민지운동으로 시끄러웠다. 프랑스는 경제에서 농업이 차지하는 비중이 컸지만, 도시에서는 기아가 발생했다. 대부분의 지역에서 강제 노역을 위해 국외로 이송된 사람들이 1945년에 귀국했다. 독일인 전쟁포로 수십만 명은 프랑스에 남겨져, 농장일과 재건 활동을 돕는 새로운 강제 노동에 동원되었다. 1940년에 겪은 패배는 프랑스의 자존심에 심각한 타격을 입혔고, 드골 장군은 이를 되살리기 위해 최선을 다하며 궂은일도 마다하지 않았다. 이탈리아 북서부 일부를 병합하려던 드골의 시도는 트루먼 미국 대통령의 반대에 부딪쳤다. 그러나 프랑스는 베를린과 빈의 분할 구역뿐 아니라 독일과 오스트리아의 점령 지역을 얻었고 자르 지역에 대한 전적인 권한을 확보했다. 또한 독일통제위원회에서도 자리를 얻었고, 유엔 이사회의 상임이사국이 되었다.

영국, 영연방 그리고 영국 식민지

전쟁 전과 전쟁 발발 직후 몇 개월 동안 영국에 어떤 분열이 벌어졌든 간에 1940년 봄과 여름에는 모조리 사라졌다. 공습으로 민간인 다수가 죽고 여러 도시가 파괴되었을 뿐 아니라 이긴 뒤에도 식량 배급이 10년간이나 지속되었지만, 영국인들은 결집했다. 처음에는 독일군에 의한, 뒤이어서는 일본군에 의한 일련의 재앙적인 패배와 그에 따른 사상자 발생으로 충격을 받았지만, 1940년 5월에서 1945년 7월 사이에 정권은 교체되지 않고 유지되었다. 프랑스와 마찬가지로 영국군 사상자는 1차대전 때에 비해 적었다. 영국 정부는 일부 나치 동조자들과 나치 독일에서 피난 온 사람들을 억류했다가 결국에는 풀어주었고, 일부는 캐나다와 호주로 보냈다. 1944~45년 독일군 V-1과 V-2 무기로 인한 사망과 파괴는 이미 엄청난 고난을 겪은 사람들의 신경을 괴롭혔지만 승리를 눈앞에 두고 있었기 때문에 히틀러가 기대했던 것과 같은 총체적인 효과는 없었다. 영국인들은 스스로 미군 수십만 명에 의한 '미군 점령'이라고 부른 상황을 "수당이 많고 성욕이 왕성한 미군이 우리와 함께 있군(over-paid, over-sexed, and over here)" 하면서 즐거움과 불쾌감이 뒤섞인 감정으로 맞이했다.

영국인들의 삶에는 여전히 많은 제한이 따랐지만 영국의 미래는 전쟁의 두 가지 결과에 의해 더 큰 영향을 받게 된다.

전쟁 기간의 실망스런 상황에 대한 기억과, 계급 분화가 적고 경제적으로 더 평등한 나라에 대한 기대는 노동당의 집권을 가져온 1945년 7월 선거에서 정치적 격변을 초래했다. 국제 관계에서도 영국이 2차대전에서 보여준 분투는 영국을 명목상의 열강 지위에 남겨주었지만, 실제로 영국은 상당히 약해졌다. 영연방 국가들은 외교 문제에서 더욱 확실한 독립을 주장했고, 특히 호주와 뉴질랜드는 자국의 안보를 놓고 미국에 시선을 던졌다. 식민지 제국은 혼란스러웠고, 인도는 독립의 길로 가는 것이 명확했으며, 아시아와 아프리카 식민지 국가들도 뒤숭숭했다. 두 차례의 세계 전쟁은 초강대국이었던 영국의 역할을 종식시켰다.

이탈리아

무솔리니는 이탈리아 국민들에게 또다시 전쟁에 뛰어들어야 하는 이유를 설명하는 데 어려움을 겪었다. 1943년 초 동부 전선에서 재앙과도 같은 피해를 입은 데 이어 그리스뿐 아니라 아프리카 동부와 북부에서 겪은 군사적 패배는 파시스트 체제에 대한 이탈리아인들의 지지를 사실상 무너트렸다. 이탈리아를 지원한다는 독일의 결정에 이탈리아인들은 고마워하기는커녕 분노했고, 1943년 7월에서 1945년 5월까지 이탈리아 영토는 대단히 파괴적인 싸움의 현장이 되면서 치명적인 결과를 가져왔다. 식민지 상실은 오히려 상당한 지출 상태에서 벗어나게 해주었고, 따라서 전후 경제회복에 기여했다. 하지만 전쟁이 준 중요한 충격은 앞선 세기에 이탈리아를 통합했던 군주제에서 멀어지고 일부 영토를 유고슬라비아에 넘겨준데다 대전 말기의 이탈리아 내전이 남긴 유산과 더불어 인적·물적 손실의 뼈아픈 기억이 되었다.

소련

소련은 전쟁으로 완전히 뒤바뀌었다. 소련인 2500만 명이 살해되거나 질병과 기아로 사망했다. 국내 소수민족 수백만 명이 침략자에게 부역했거나 부역했을 것이라는 의혹으로 강제 추방되었다. 풀려난 전쟁 포로와 노예 노동자들은 고국의 환영을 받기보다는 처벌당했다. 수천 개의 단체가 와해되었다. 한편으로 소련 정권은 국민 대다수로부터 처음으로 정당성을 획득했다. 독일의 소련 점령과 공포스러운 전쟁포로 정책은 스탈린을 두렵고 혐오스러운 독재자에서 자신들을 생각하기조차 싫은 끔찍한 운명에서 자비롭게 구원해준 인물로 바꿔놓았다. 소련 서부 지역의 경제는 큰 타격을 입었지만, 우랄 지역과 중앙아시아로 옮겨 새로 건설한 공장은 계속 운영

되었다. 소련 정권이 국민 단합을 위해 전쟁 기간에 허용한 일시적인 통제 완화는 확대되기보다는 철회될 터였지만, 국제 관계에서 소련이 얻은 새로운 위상에 의해 국민 다수에게는 전반적으로 상쇄되었다. 소련인들에게는 엄청난 경제적 희생에도 불구하고 전쟁에서 극심한 고난을 겪은 고국의 역할에 대한 자부심도 있었다. 지위 고하를 막론하고 정부 기관에서 일하던 이들은 이전 전쟁에서 러시아가 처했던 운명과는 다른 결과를 가져온 데서 어떤 만족감을 느낄 수 있었다. 영토를 잃기는커녕 얻었고, 유럽의 이웃국가들에 대한 영향력을 완전히 잃지 않고 동유럽과 남동 유럽을 장악했다. 게다가 1905년 일본에 빼앗긴 동아시아의 일부 영토도 되찾았지만, 그런 사실을 알거나 신경쓴 사람은 거의 없었다.

일본

일본은 8년간 전쟁을 치르면서 국내 전선이 혹사당했다. 1944~45년 공습으로 인명 손실이 점차 늘었고, 연합군의 효과적인 잠수함 작전의 확대로 산업 활동에 필요한 물자가 줄어들자 상황은 더욱 힘들어졌다. 지친 일본인들은 1942년 실시된 중의원 의원 선거에서 몇몇 무소속 후보를 국회에 입성시키긴 했어도 정권에 대한 지지는 거두지 않았다. 결국 일본 정부는 항복하기로 결정함으로써 수백만 명의 사상자 발생과 추가적인 공습, 추가적인 원폭 투하가 수반될 일본 본토에서의 파괴적인 싸움, 그리고 뒤이을 점령지 분할도 피했다. 이런 결과는 일왕에게 항복 명령을 내리도록 건의한 사람들이 고통과 궁핍이 전례 없이 심해지는 데 따른 국내의 정치적 격변을 두려워했기 때문일 수도 있지만, 어떤 이유에서든 일본의 항복은 미군 총사령관 휘하에서 국가적 결속이 지속되는 것을 의미했다. 미국 점령군뿐 아니라 영국군도 주둔해 있었지만, 일본인들은 이들이 자신들을 괴롭히기보다는 지원하려 한다는 것을 금세 깨달았다. 소련군이 홋카이도 연안의 몇몇 작은 섬을 점령하고 일본인을 내쫓은 조치는 영토 분쟁의 불씨로 남았지만, 그런 사실은 전쟁 종식에 안도했던 극소수의 사람에게만 영향을 끼쳤다. 일본은 주로 미국의 원조하에 새 헌법과 독립적인 노동조합, 토지 개혁, 여성 참정권을 확보했는데, 경제도 점차 되살아났다.

중국

중국은 전쟁의 충격으로 경제적으로나 정치적으로 모두 변했다. 전체적인 사상자 수는 알려지지 않았지만 최소한 1500만 명일 가능성이 높다. 파괴도 심각했지만 점령지와 비점령지에서 일부 새로운 산업 발전이 이루어졌다. 소련은 1931년 만주를 점령한 이후 일본이 발전시킨 산업 다수를 해체시켰다. 하지만 전쟁 기간에 받은 주된 충격은 20세기 초 혼란에 빠진 국가를 재통합하려 했던 장개석의 국민당 활동이 중단된 것이었다. 앞서 언급했듯이 일본군 작전의 주요한 장기적 효과, 특히 1944년 이치고 공세의 장기적 효과는 중일전쟁이 끝나자마자 벌어진 국공내전에서 중국 공산당이 이기게 한 것이었다. 전후 일본은 자신들이 저지른 살인, 강간, 참화의 끔찍한 기록에 직면하기 싫어함으로써, 전후 독일이 보여준 행보와는 달리 민족 간 화해를 방해하고 동아시아와 동남아시아뿐 아니라 중국에 증오의 유산을 남겼다.

미국

미국에서는 그 이전과 1차대전 기간에 보였었던 분열이 사실상 없었다. 일본의 공격은 지엽적인 논쟁, 일부 배급, 정부의 가격 통제 활동, 이따금 벌어지는 파업과 공장 폐쇄도 결국 미국이 전쟁에서 승리할 것이라는 다수 미국인들의 인식에 전혀 영향을 끼치지 않는다는 점을 확실히 보여주었다. 전쟁채권 발행, 헌혈, 고철을 비롯한 물자 모으기 활동도 기꺼이 받아들여졌다. 다만 일본군의 암호 해독을 통해 확보한 정보를 미국에 충성하지 않는 일본계 미국인들부터 차단하기 위해 일부 미국 주에 사는 일본계 미국인을 임시로 감금했던 사실은 전후 미국 사회에서 피해자들을 힘들게 하고 유감을 표하게 했다. 1942년 중간 선거에서는 야당인 공화당이 강세를 보였지만 루스벨트 대통령은 1944년 4선에 성공했고, 1945년 4월 루스벨트가 사망하자 민주당 해리 트루먼 부통령이 대통령직을 넘겨받았다. 전시에 벌어진 사건에 대해서는 세 가지 주요한 장기적 효과에 주목해야 한다. 미국인들이 전후 세계에서 다른 역할에 적응하도록 한 루스벨트의 의도적 노력은 성공했다. 전쟁 기간에 기후와 지형 탓에 남부, 남서부, 서부 지역에 훈련장과 해상 운송 시설 등을 배치하기로 한 결정은 인구 분포의 변화와 정치권력의 분산을 가져왔다. 마지막으로 여성과 아프리카계 미국인의 지위에서도 중대한 변화의 단초를 제공했다(병력뿐 아니라 산업 전반의 노동력 수요가 늘어나면서 과거 아프리카계 미국인이나 여성에게 주어지지 않던 일자리가 이들에게 개방되었다—옮긴이).

중남아메리카, 중립국 그리고 기술의 발달

아르헨티나를 제외한 중남아메리카 국가들은 전쟁 기간에 연합국에 합류했었다. 브라질과 멕시코는 소규모 파견부대를 전투에 투입했고, 그러지 않은 경우 이들 국가의 주요 역할은 추축국의 보급 수송을 방해하는 동시에 연합국에 보급 수송을 제공하는 것이었다. 일부 독일계 주민은 억류 목적으로 미국에 보내졌지만 국내에서는 상대적으로 혼란이 적었다. 전쟁 말기에 이들 국가 중 다수는 재판을 피해 도망쳐온 독일 및 크로아티아의 전범 다수를 받아들였고, 대개 적십자사나 교황청의 지원이 따랐다.

유럽의 중립국들은 전시에 추축국과 연합국 양측에 물자를 고가에 팔아서 이득을 취했다. 스웨덴은 독일군의 자국 통과를 허용했고, 스위스는 나치의 금융 조작과 약탈 작전에 깊이 관여했다. 스페인만이 상당수의 병력을 독일 편에서 싸우도록 보냈지만, 생존자들은 격심한 내전에서 회복중인 고국으로 돌아왔다.

모든 주요 교전국에서는 전쟁 기간에 군사 및 의료 면에서 기술적 발달이 이루어졌는데, 이는 전후에 상당한 중요성을 지녔다. 전시에 신형 전차와 항공기, 전함, 대포가 개발되어 운용되었다. 레이더, 제트기, 탄도 미사일, 핵무기는 전시에 이루어진 가장 극적인 혁신이었고, 전쟁이 끝난 뒤에도 더 큰 발전이 이루어졌다. 가장 극단적인 공격 시도는 일본이 벌인 기구를 동원한 소이탄 공격이었다. 미국과 캐나다 서부를 파괴할 목적으로 이런 작전을 펼쳤던 것이지만, 실제 사상자 수와 피해는 적었다. 수혈의 대량 이용과 페니실린 같은 새로운 의약품의 등장으로 환자 수천 명의 목숨을 구할 수 있었는데, 이런 것들은 전후 의료의 표준 요소가 되었다. 전쟁으로 인한 물질적 파괴가 엄청났지만, 전쟁 기간에 이루어진 기술적 발달이 일부 이득이 된 측면도 있었다.

제 8 장

연합국의 승리: 1944~45년

추축국

1944년 봄, 독일의 세계 정복 목표는 분명 실현되기 어려워 보였다. 히틀러와 그 측근들은 추축국을 상대로 싸우는 연합국 동맹이 해체되길 희망했다. 또한 그해 벌어질 것으로 예상한 서부 전선에서의 연합국 침공을 격퇴시켜, 이전 싸움에서 엄청난 사상자로 고생한 소련을 괴멸시키기 위해 대규모 전력을 서부에서 동부 전선으로 이동시키길 원했다. 그와 동시에 자신들이 우선시했던, 힘이 미치는 범위 내에서 모든 유대인을 학살하는 프로그램을 지속할 계획이었다. 이 일이 군사 작전 수행에 어떤 영향을 끼치든 상관없었다.

이탈리아 남부에서는 무솔리니 정권을 승계하고 연합국에 항복했던 정부가 연합국의 감독하에 설치된다. 이탈리아 정부는 연합군과 함께 싸우기 위해 일부 병력을 징집했지만, 더 많은 본토 지역이 싸움으로 파괴되는 가운데 독일이 이탈리아 북부에 무솔리니 괴뢰 정권을 세우면서 그곳에서 파르티잔이 독일군과 싸우자, 결국 지켜볼 수밖에 없었다. 일본 정부는 한때 동경 70도 선에서 아시아를 나누는 방안에 대해 독일의 승인을 받았지만, 1944년 여름 이치고 공세의 성공에도 불구하고 인도·마리아나제도·남서 태평양에서의 패배나 동남아시아에서 출발하는 항로상의 함정 손실을 상쇄시킬 수 없었다. 일본으로서는 가능한 한 맹렬하게 싸우는 것이 유일한 선택지로 보였다.

연합국

서방 연합국은 추축국이 무조건 항복할 때까지 싸울 생각이었다. 이번에는 독일도 1차대전 뒤 주장한 것처럼 싸움에서 지고도 사실상의 패배는 아니라고 핑계를 댈 수 없었다. 미국 정부 지도자들은 1차대전 뒤에 미국이 했던 것처럼 고립주의로 남는 대신에 국제기구에 참여하기로 마음먹었다. 소련 정부의 속셈은 모스크바에 있는 대통령 기록물이 공개될 때까지는 정확하게 설명할 수 없지만(기록이 담긴 종이가 복원 불가능할 정도로 부식되기 전에 공개되길 기대한다), 몇 가지 사실은 분명하다. 소련 정권은 자국의 통치권을 확대하고, 더 나아가 가능하면 유럽까지 영향력을 넓힐 계획이었다. 소련은 국제연맹으로부터 거절당한 적이 있지만, 독일의 또다른 침공을 막을 수 있으리라는 기대를 갖고 국제기구에도 가입할 예정이었다. 당시의 모든 지도자들은 패전국 독일이 불과 20년 만에 다시금 세계 장악 시도를 한 사실에 큰 영향을 받았다. 따라서 그런 일이 되풀이되는 상황을 막는 데 관심과 계획의 초점을 맞추었다.

연합국은 이란의 테헤란에서 회담을 열고 1944년에 유럽의 모든 주요 전선에서 공세에 나서기로 기본적으로 합의했다. 특히 여기에는 프랑스 지중해 해안 침공의 지원을 받는 가운데 영불해협을 건너는 침공이 포함되어 있었다. 처칠의 지속적인 의심에도 불구하고 영불해협 횡단 공략, 즉 '오벌로드' 작전이 실행되었다. 영국의 강한 반대에 직면하긴 했지만, 처음에 '앤빌', 나중에 '드라군'이라는 암호명의 프랑스 리비에라 상륙 작전도 실행되었다. 기본적으로 이탈리아, 프랑스, 동부 전선에서 동시에 대공세를 벌이는 것이 독일군의 병력 이동을 제한시킬 것이라는 연합국의 예상은 들어맞았다. 게다가 서부 전선에서 실행한 성공적인 기만 작전은 상륙 작전이 전혀 실행되지 않은 칼레와 노르웨이에 독일군을 묶어두었다. 한편, 소련은 소련군이 독일 중부집단군을 강타할 시점에,

독일군 예비대가 독일 북우크라이나 집단군을 상대하던 소련군의 공세를 기다리도록 기만했다.

시간순으로 보면 연합군은 우선 5월 11일 이탈리아에 대한 대공세에 나섰다. 미군과 영국군은 독일군의 수비를 뚫고, 1월에 안치오에 상륙한 부대와 합류했다. 애초의 계획과 반대로, 그리고 분별없게도 미군 사령관인 마크 클라크는 독일군 다수 전력을 차단하는 대신에 로마로 질주했다. 6월 4일 로마가 해방되었지만, 이탈리아 중북부를 정리하기 위해 북쪽으로 치고올라가야 했다. 그럼에도 연합군의 이탈리아 공세는 독일군이 곧 위협을 받은 다른 전선으로 병력을 옮기지 못하게 했고, 이로써 그때까지 이탈리아에 주둔한 연합군 일부 부대를 프랑스 남부 상륙에 동원할 수 있었다.

6월 6일 미군, 영국군, 캐나다군은 노르망디에 있는 5개 해변에 상륙했다. 이 작전은 사전에 바다와 하늘에서 승리를 거뒀기 때문에 가능했다. 독일군의 결사 항전으로 연합군의 교두보 통합과 프랑스 내륙 돌파는 더뎠다. 하지만 7월 마지막 주에 미군은 노르망디 서쪽 끝에서 돌파해 브르타뉴 지방뿐 아니라 프랑스 내륙으로 재빠르게 밀어붙였다. 7월 20일에는 반히틀러 세력의 히틀러 암살 시도가 실패했다. 단 한 명을 제외한 모든 독일군 수뇌부 지휘관들이 군내 반대 세력의 리더이자 참모총장 출신인 루트비히 베크 장군이 아닌, 자신들에

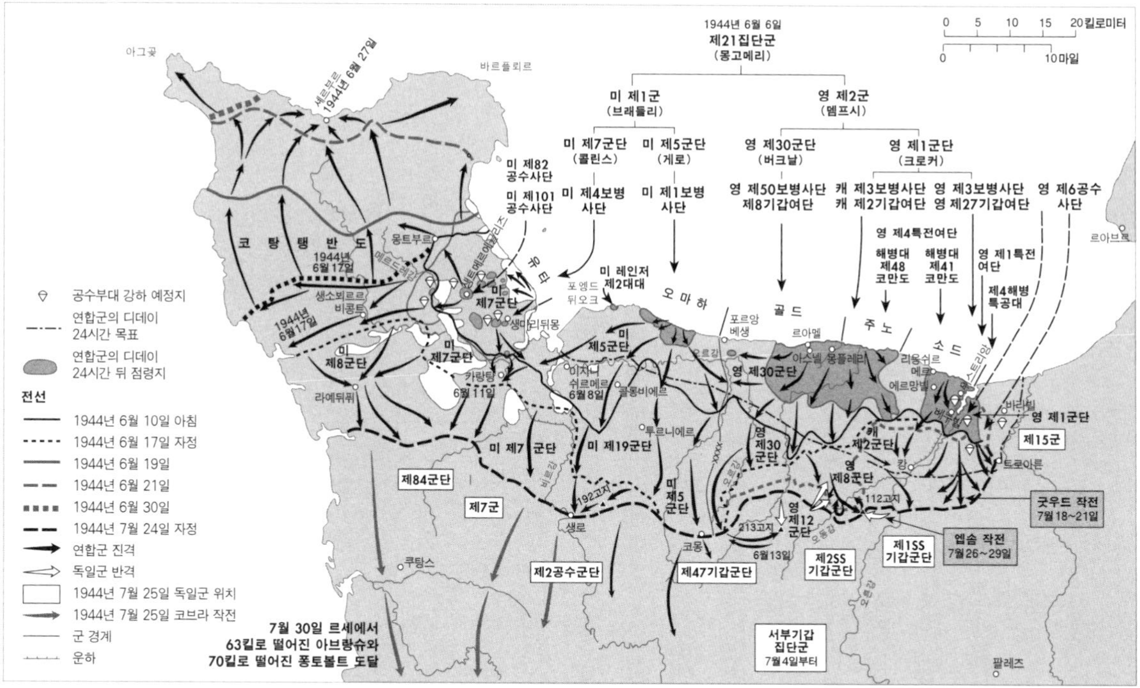
1944년 6월 6일
제21집단군
(몽고메리)
미 제1군
(브래들리)
영 제2군
(뎀프시)
미 제7군단
(콜린스)
미 제5군단
(게로)
영 제30군단
(버크날)
영 제1군단
(크로커)
미 제82
공수사단
미 제101
공수사단
미 제4보병
사단
미 제1보병
사단
영 제50보병사단
제8기갑여단
캐 제3보병사단
캐 제2기갑여단
영 제3보병사단
영 제27기갑여단
영 제6공수
사단
영 제4특전여단
해병대
제48
코만도
해병대
제41
코만도
영 제1특전
여단
제4해병
특공대
미 레인저
제2대대
유 타
오 마 하
골 드
주 노
소 드
0 5 10 15 20킬로미터
0 10마일
아그곶
바르플뢰르
셰르부르
1944년 6월 27일
코 탕 탱 반 도
몽트부르
1944년
6월 17일
생소뵈르르
비콩트
미
제8군단
라에뒤퓌
미
제7군단
카랑탕
6월 11일
미
제7군단
생마리뒤몽
포엥드
뒤오크
포르앙
베생
르아멜
아스넬
몽플레리
리옹쉬르
메르
에르망빌
이지니
쉬르메르
6월 8일
콜롱비에르
투르니에르
미
제5군단
영 제30군단
영
제30
군단
캐
제2군단
영
제8군단
영 제1군단
제15군
트로아른
바리빌
라오름
미 제7 군단
미 제19군단
미
제5
군단
192고지
생로
213고지
코몽
6월13일
영
제12
군단
112고지
강
제84군단
제7군
제2공수군단
제47기갑군단
제2SS
기갑군단
제1SS
기갑군단
굿우드 작전
7월 18~21일
엡솜 작전
7월 26~29일
쿠탕스
서부기갑
집단군
7월 4일부터
팔레즈
7월 30일 르세에서
63킬로 떨어진 아브랑슈와
70킬로 떨어진 퐁토볼트 도달
공수부대 강하 예정지
연합군의 디데이
24시간 목표
연합군의 디데이
24시간 뒤 점령지
전선
1944년 6월 10일 아침
1944년 6월 17일 자정
1944년 6월 19일
1944년 6월 21일
1944년 6월 30일
1944년 7월 24일 자정
연합군 진격
독일군 반격
1944년 7월 25일 독일군 위치
1944년 7월 25일 코브라 작전
군 경계
운하

14. 오벌로드

게 뇌물을 준 히틀러를 위해 결집했다. 8월 중순 미군과 프랑스군은 프랑스 지중해 해안에 상륙해서 연합군의 보급 상황에 매우 중요해진 툴롱과 마르세유의 주요 항구를 장악한 뒤 북진했다. 노르망디에서 시작된 연합군의 공세로 파리는 해방되었고, 곧 두 상륙군이 만났다. 노르망디에서 벗어나고자 하는 미군을 차단하려는 독일군의 주요 반격 노력은 실패했다. 연합군의 보급 수송과 병력 증원을 막기 위해 항구를 파괴하거나 항구에서 버티는 활동은 비록 가을에 연합군의 공세를 늦추는 데는 도움이 되었으나 성공하지는 못했다. 연합군은 전선 북단에서 라인강 지류의 다리를 장악하기 위해 세 차례의 연이은 공수부대 공격을 실시했다. 또한 다리 건너 네덜란드 및 독일 북부 진격을 결합한 작전을 통해 라인강 방어선을 돌파하기 위한 9월의 시도는 독일군이 최북단 공수부대 사단을 괴멸시키는 바람에 실패로 돌아갔다('마켓 가든' 작전으로 불리는 이 작전을 둘러싼 이야기는 〈머나먼 다리〉라는 제목의 영화로도 만들어졌다—옮긴이). 연합군은 그럼에도 일부 지역에서 진격을 이어갔다. 10월 21일 미군은 처음으로 독일의 주요 도시 아헨을 장악했다. 독일군의 병력 증원과 전쟁 전 구축된 국경 인근 요새 때문에 연합군의 진격이 더뎌지는 가운데, 독일은 은밀하게 대규모 반격을 준비했다.

동부 전선에서 소련군은 1944년 초 몇 개월간 우크라이나 대부분의 지역에서 독일군을 몰아냈고 4월에는 크림반도를 탈환했다. 4~5월 루마니아에 대한 대공세는 독일군에 의해 저지되었다. 이는 동부 전선에서 독일군이 거둔 마지막의 의미 있는 전술적 승리였다. 6월에 소련군은 핀란드를 공격했다. 연이은 소련군의 공세로 핀란드가 휴전을 요청하자 9월에 협정이 맺어졌다. 독일군이 실행한 작전 때문에 핀란드인들은 과거의 동맹과 싸우는 처지가 되었다. 6월 22일 소련군은 독일군 중부집단군을 상대로 신중하게 준비된 대공세를 벌였다. 이 '바그라티온' 작전으로 독일군은 대패해서 집단군 전체가 괴멸되었고 수십만 명이 포로로 붙잡혔다. 소련군은 신속하게 진격해 전선 북단에서 발트해로 몰아가 독일군 부대를 차단했다. 독일은 병력이 이동할 회랑을 일시적으로 열었지만 뒤이어 대규모 병력이 라트비아 서부에 고립되어 종전 때까지 발이 묶였다. 신형 잠수함을 운용하기 위해 발트해 제해권이 필요했던 독일 해군의 건의에 따라, 히틀러가 현위치에 머물라고 지시했기 때문이다. 중부에서 소련군은 폴란드로 진격했지만, 폴란드 지하 조직이 바르샤바에서 봉기를 일으키는 바람에 멈춰 서야 했다.

소련군이 점령한 비스와강과 나레프강 교두보는 뒤이은 소련군의 겨울 공세 때 사용된다. 그사이 루마니아 진출 성공으로 8월 말에 루마니아는 연합국 편으로 돌아섰고, 이로써 소

1 1944년 2월 해체
2 1944년 4월 21일~10월 16일
3 1945년 2월 해체
4 1945년 4월 이전 서부 전선군
5 1944년 2월 이전 벨로루시 전선군
6 1944년 운용 중단 1944년 8월 운용 재개
7 1944년 4월 남우크라이나 집단군, 1944년 9월 남부집단군으로 변경
8 1944년 4월 북우크라이나 집단군, 1944년 9월 A집단군으로 변경
9 1945년 1월 쿠를란트 집단군으로 개칭
10 1945년 1월 북부집단군으로 개칭, 1945년 4월 2일 해체
11 1945년 1월 중부집단군으로 개칭

1943년 12월 전선
1944년 6월 중순 전선
1944년 12월 말 전선
xxxxx — 집단군/전선군 경계
포위된 독일군
1941년 6월 21일 국경선
독일군 부대
소련군 부대

0 100 200 300 400 500 킬로미터
250 마일

15. 1943~44년 독소전쟁

련의 불가리아 점령과 헝가리 공세 착수가 수월해졌다. 헝가리는 전쟁에서 벗어날 길을 모색했지만 1944년 3월 독일군에 의해 점령된 상태였다. 이 때문에 독일은 헝가리에 있는 대규모 유대인 단체의 상당수를 처리할 일시적인 기회를 얻었음에도, 이들이 소련을 상대로 헝가리를 방어하도록 해야 했다.

1944년에서 1945년 사이의 겨울

1944년 12월 중순에 독일은 마지막 예비전력을 동원해 아르덴에서 미군을 공격했다. 벨기에 북부 앤트워프(안트베르펜)의 주요 항구를 탈환하는 가운데 미국측이 대규모 패배의 충격으로 국내 전선이 무너지면서 유럽 전쟁에서 발을 빼길 기대한 작전이었다. 또한 독일은 영국에서도 비슷한 결과가 나타나고 그에 따라 동부 전선에 대규모 병력을 투입할 수 있기를 바랐다. 벌지 전투로 알려진 독일군의 공세는 기습적으로 이루어졌고 일시적으로 미군을 후퇴시켰다. 하지만 미군은 버텼고, 독일군이 병력과 장비를 크게 잃으면서 전세는 대패로 뒤바뀌었다. 1945년 2월 서방 연합군은 대공세를 재개했는데, 독일군이 라인강 서안에 집중하면서 병력 다수를 잃자 연합군은 곧 마지막이 될 가능성이 있는 장애물을 넘어 독일로 향했다.

1월에 소련군은 전선 중부와 헝가리에서 공세를 재개했다. 독일과 오스트리아로 진격했고, 양쪽 모두에서 독일군의 반격을 받았지만 4월에 베를린을 포위했다. 그사이 소련군은 베를린 남부 토르가우에서 미군과 조우했다. 이탈리아 주둔 독일군은 5월 초에 항복했다. 4월 30일 히틀러가 자살하자 권력을 넘겨받은 되니츠 제독은 5월 8일 무조건 항복을 명령했다. 사소한 예외도 있었지만, 독일의 모든 육해공군 부대는 항복 명령에 따랐다.

동아시아와 태평양에서의 연합군 공세

영국은 동아시아와 태평양 전쟁에서 버마 탈환을 완료했고, 1945년 9월의 말레이반도 해안 상륙('지퍼' 작전)을 준비했다. 미군은 마리아나제도, 뉴기니 북서 해안, 모로타이섬, 팔라우제도 상륙에 성공하면서 1944년 10월의 필리핀 중부 레이테섬에 상륙할 길을 열었다. 대규모 해전이 원래 그렇듯이, 일본군이 연합군 상륙 부대와 이를 지원하는 미 해군 전력을 상대로 결사적으로 싸우면서 레이테섬에서의 싸움은 길고 치열하게 벌어졌다. 일본군의 병력 증원으로 속도가 더뎌지긴 했어도, 미군은 레이테섬을 점령했다. 하지만 레이테섬이 루손섬 공략과 뒤이어 12월 중순에 실행할 민도로섬 상륙에 필요한 공군 기지로는 적절한 장소가 아니라는 사실을 알게 되었다. 이곳에서 벌어진 해전은 미군의 대승으로 끝났다. 미군 호위 항공모함과 구축함이 보여준 이례적일 정도의 용맹함이 일본 해군 지휘관 구리타 다케오의 상황 오판과 맞물린 결과였다. 미군 주력 함대를 상대할 것으로 판단하고 전함을 철수시킨 구리타의 결정은 미군 제독 윌리엄 홀시가 상륙 전력을 보호하는 대신에 일본군 유인 함대를 추적하기로 한 결정을 상쇄시켰다. 아주 역설적이게도 수리가오해협에서 벌어진 해전 일부에 동원된 대부분의 미군 전함은 일본이 1941년 12월 7일 진주만에서 '격침'시켰다고 여긴 전력이었지만 실은 인양 뒤 수리해서 다시 작전에 투입한 함정이었다.

미군의 필리핀 북부 루손섬 공략은 1945년 1월에 시작되었고, 마닐라 해방을 위한 격렬한 싸움으로 이어졌다. 일본군은 1942년 2월 싱가포르에서처럼, 1943년 3월 마닐라에서 수천 명을 살해하고 강간을 자행했다. 두 사건 모두 야마시타 도모유키 사령관 휘하에서 벌어졌다. 야마시타는 일본이 항복할 때까지 상당수 병력과 함께 루손 북부의 일부 지역을 사수했고, 그사이 미군은 필리핀 중부와 남부에 있는 다른 섬에 연이어 상륙했다. 일본이 '가미카제'로 불리는 자살 공격을 시작한 시점이 바로 필리핀 전역 기간이었다. 가미카제 특공대는 미군 함정에 대한 자살 공격을 시도해 함정 다수에 심각한

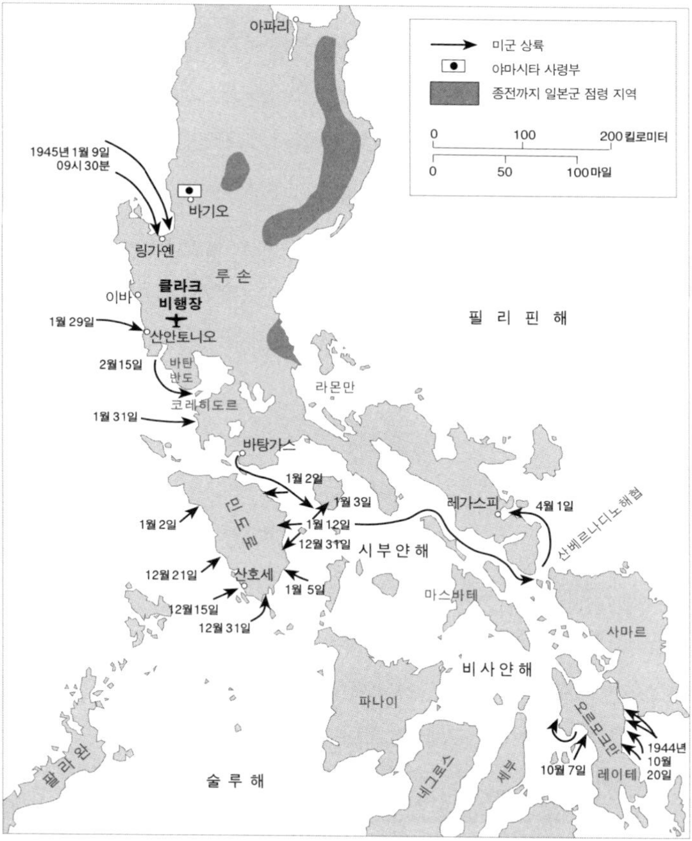

16. 1944~45년 필리핀 전역

타격을 주려고 했다. 자살 공격용 소형 항공기를 그보다 더 큰 항공기에 싣고 출격 지점까지 이동하는 전술은 별로 효율적이지 않은 것으로 드러났다('오카櫻花'라는 이 무기체계는 탑재용 폭격기가 연합군 함정까지 근접해야 했고 대부분 중도에 격추되었다—옮긴이). 일본은 자살 어뢰('가이텐回天')를 비롯해 다른 자살 함정을 개발하고 사용했지만 이 역시 큰 효과가 없었다. 앞서 언급한, 태평양을 건너 캐나다와 미국 서부 삼림과 도시를 불태우기 위해 소이탄 기구 수천 대를 동원한 것도 2차대전 중 가장 파괴적인 개념이었지만 실제로는 큰 효과가 없었다.

1945년 2월 미 해병대는 필리핀과 일본 본토 사이에 있는 보닌(오가사와라)제도의 이오지마섬에 상륙했다. 일본군은 이오지마에 다수의 비행 기지를 보유하고 있었다. 미군은 많은 사상자가 발생한 격전을 벌인 뒤 이오지마를 점령했다. 미국은 계획했던 일본 본토 공략을 위한 주요 기지를 확보하려고 새로운 군을 창설해서 1945년 4월 류큐제도에서 가장 큰 섬인 오키나와에 상륙했다. 그 무렵 영국군은 태평양 전쟁에서 상당한 역할을 할 수 있었고, 일본군을 상대로 하는 미 육군과 해군의 가장 격렬한 전투에서 함대 호위 임무에 일부 기여했다. 사실 주요 비행 기지는 전투 첫날 장악했지만, 주로 오키나와 남부에서 벌어진 싸움은 3개월 넘게 지속되었다.

오키나와에서 싸움이 진행되는 동안 호주군과 미군은 일본

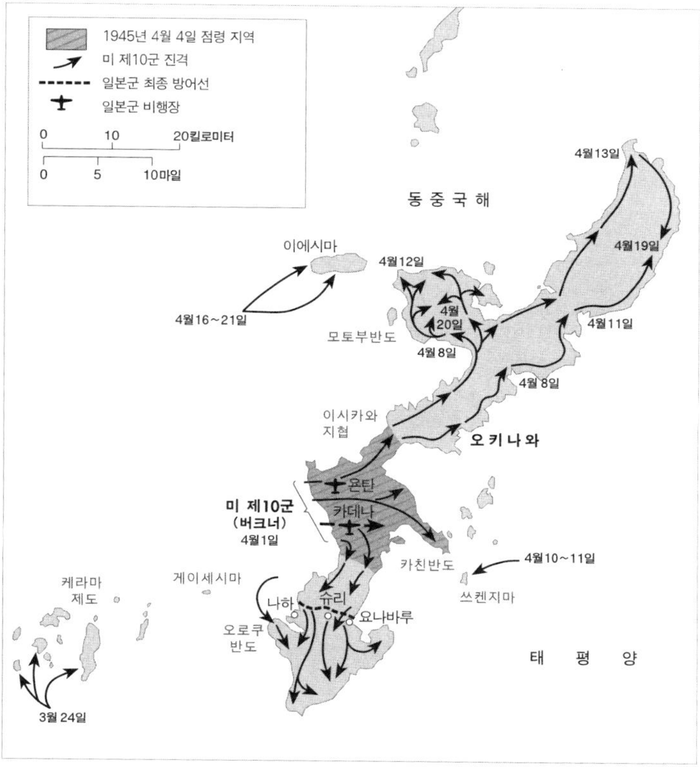

17. 1945년 오키나와 전역

이 점령한 네덜란드령 동인도에 대한 작전을 개시했다. 1945년 5월에서 7월까지 진행된 보르네오섬에 대한 일련의 상륙작전에서는 섬 대부분의 지역과 더불어 주요 유전을 장악했고, 자바섬 상륙은 9월로 계획되었다. 상당수 일본군은 일본이 항복할 때까지 인도의 여러 지역에 남아 있었다.

일본의 최종 패배

일본과의 전쟁을 종식하기 위한 계획인 '다운폴 작전'은 1945년 11월 규슈섬 남부에 상륙하는 '올림픽 작전'과 1946년 3월 도쿄만과 그 인근에 상륙용 기지를 확보하기 위한 '코로넷 작전'으로 이루어졌다. 두 작전 모두에서 최초 투입 부대는 미군이었고, '코로넷 작전'은 후속 전력에 영연방 및 프랑스 사단이 포함될 예정이었다. 중국과 포르모사(타이완의 옛 명칭)로부터의 공격은 일본군의 '이치고' 공세로 저지되었다. 하지만 소련군의 공세로 인해 만주·한국·중국에 주둔한 일본군의 발이 묶일 뿐 아니라, 북쪽에서 일본 본토를 공습하는 대규모 지원이 예상되었다. 연합국이 크게 우려한 점은 일본 본토 점령 뒤 동아시아, 동남아시아, 태평양 섬에서 100만 명이 넘는 일본군이 결사 항전을 지속하는 상황이었다. 코로넷 작전의 후속 작전시 이런 난관에 부닥칠 수 있었다. 유럽 및 북아프리카에서의 싸움과 달리 일본을 상대로 한 싸움에서는 극소수의 개별 일본군만 항복할 뿐(대개는 부상당하거나 사실상 강제 징병된 지역 주민의 경우이다), 스탈린그라드나 튀니지에서처럼 부대 전체가 항복하는 경우는 없었다.

1945년 7월 포츠담에서 연합국은 일본 정부에 항복을 요구했다. 시간과 장소는 신중하게 선정되었다. 이같은 항복 요구와 미국이 감청 정보를 해독해서 알게 된 일본 외교관들의 비슷한 자문이 도쿄에서 열린 어전회의(일본 제국에서 전쟁의 시작과 종료를 결정한 정부 회의로 일왕이 주관했다—옮긴이)에서 거부되자, 영국 및 소련 정부의 사전 동의를 얻은 트루먼 미국 대통령은 일본에 충격을 줘서 항복시키려는 목적으로 신형 원자 폭탄을 사용하기로 결정했다. 헨리 스팀슨 전쟁부 장관도 거기에 동의했다. 핵폭탄 개발은 원래 독일과 경쟁적으로 진행된 것처럼 보였지만, 서방 열강은 독일이 이 분야에서 별다른 진척을 보이지 못하는 것으로 판단할 때에도 개발을 지속했다. 가용한 핵폭탄 하나를 '올림픽 작전' 지원에 사용하고 필요하면 두번째 핵폭탄을 일본 도시에 투하할 계획이었는데, 그래도 일본이 항복하지 않으면 추후 '올림픽 작전'에서 추가로 사용할 수 있도록 남겨둘 예정이었다.

일본 정부는 포츠담에서의 항복 요구를 거부했을 뿐 아니라 침공에 맞설 본토 방어 계획에 동의했다. 일본은 침공 위치를 정확히 예측했다. 그리고 2000만 명의 사상자 발생을 감수할 의지를 내비치면 연합국이 항복 요구를 철회할 것이라고 판단했다. 한편으로 소련이 종전 협상을 지지하고 추축국 편에 서도록 하려는 일본 정부의 노력은 실패했다. 일본 수뇌부는 주로 마리아나제도에서 이륙한 미군 항공기의 대규모 공습에도 꿈쩍하지 않았다. 공습으로 인해 일본의 주요 도시 대부분이 파괴되고, 특히 도쿄에서 사상자가 대거 발생했다. 두 번째 핵공격이 벌어지자 어전회의에서 분열이 일어났다. 참석자 절반은 이제 항공기 한 대가 과거 같으면 항공기 수백 대가 폭탄 수천 발을 투하할 때의 파괴력을 가질 수 있다는 사실에 강한 인상을 받았다. 연합국측은 이 핵폭탄으로 일본 본토에 사는 사람 전부 또는 거의 전부를 죽일 수 있고 그런 만큼 군이 침공할 필요가 없다고 판단했다. 결국 일본 정부는 항복하는 편이 낫다고 판단해 방어 계획을 포기했다. 이런 상황에서, 내부 동요의 가능성과 소련의 태평양 전쟁 참전 가능성을 우려하는 조언에 영향을 받아서인지, 히로히토 일왕은 직접 항복 지시를 내렸다.

싸움을 이어가길 원했던 사람들에 의한 쿠데타 시도가 있었지만, 개인적으로 선호한 결사 항전과 일왕에 대한 충성심 사이에서 괴로워했던 육군대신 아나미 고레치카가 쿠데타에 가담하지 않고 자살함으로써 실패로 돌아갔다. 연합국은 일본이 무조건 항복하기가 더 수월하도록 해주었다. 비록 연합국의 통제를 받을 테지만 일본이 원한다면 천황제를 유지할 수 있게 하겠다고 천명했고, 영국의 제안으로 일왕 대신에 지정된 관료가 항복 문서에 서명하는 것을 허용했다. 대신에 히로히토는 왕족을 포함한 특사를 보내 야전의 일본군 지휘관들이 항복하는 것을 돕도록 했다. 이 때문에 코로넷 작전의 후속 작전은 없었고, 일본에서는 도쿄가 구역으로 나뉘는 점령지 분리도 없었다. 미군과 영연방군이 일본을 점령했지만 정부와 행정은 일본인의 손에 남았고, 연합국 총사령관 맥아더 장군의 감독을 받으며 개혁을 했다. 극소수의 일본군이 1970년대까지 저항했지만 대체로 일왕의 항복 명령은 이행되었다.

결론

역사상 최대의 전쟁이 끝났다. 약 6000만 명이 죽었는데 대부분 민간인이었다. 사망자가 가장 많이 발생한 나라는 2500만 명이 죽은 소련이고, 그다음은 최소한 1500만 명이 죽은 중국이었다. 물론 큰 손실을 입은 나라들이 있지만 폴란드만큼 많이 파괴되고, 고통당하고, 약탈당하고, 대량 살상이 벌어진 나라도 없었다. 유럽과 동아시아, 동남아시아 대부분과 북아프리카 일부 지역에서 대량 파괴와 경제적 혼란이 벌어졌다. 독일의 탄도 미사일 V-2와 미국의 핵폭탄 같은 신무기 개발은 향후 열강 간 전쟁이 인류의 종말을 가져올지도 모른다는 사실을 보여주었다.

전쟁과 종전은 대규모 인구 이동도 초래했다. 전쟁포로와 노예 노동자 수백만 명이 집으로 돌아가기 위해 애를 썼고, 대개는 수년이나 걸려 그렇게 하기도 했다. 한편, 동유럽인들 일부는 소련이 장악한 고국으로 돌아가고 싶어하지 않았고, 폴란드에서 유대인 생존자들은 자신들의 귀향이 달갑지 않게 여겨지거나 위험하기까지 하다는 사실을 알게 되었으며, 따라서 그들은 영국이 이민을 제한하려 했던 팔레스타인으로 이주하기를 선호했다. 전승국이 그어놓은 새 국경선에 따라 추가로 수백만 명의 유럽인이 강제 이주를 했다. 독일은 주민에 따라 국경을 조정하려는 1919년 베르사유 조약을 줄곧 비난하면서 국경에 따라 주민을 조정하는 원칙을 주장했기 때문에 그런 절차가 독일에 적용되었다. 독일 동부와 체코슬로바키아, 폴란드, 동유럽 및 남동유럽 국가에 거주하던 독일인 약 1200만 명이 단기간에 진행된 전례 없는 대규모 인구 이동으로 집을 잃었다. 이탈리아는 식민지와 일부 영토를 유고슬라비아에 빼앗겼다. 일본의 식민지에 거주하던 일본인 수백만 명도 귀국했다. 일본은 항복 뒤에도 통일된 국가를 유지했다. 독일이나 오스트리아처럼 점령지가 나누어지지도 않았고 수도가 여러 구역으로 분리되지도 않았다. 홋카이도 북동 연안의 일부 작은 섬들만 소련에 병합되면서 주민들이 추방되었는데, 이 문제로 양국은 21세기에 들어서서도 강화조약에 서명하지 못하고 있다.

연합국은 법정에 세워 처벌하기로 약속한 전범 처리 문제에 직면했다. 그 무렵 정의를 두려워할 이유가 있는 사람들이 몸을 숨기고 신분 세탁을 하거나 교황청의 도움을 받아 남아메리카로 탈출했다. 새로 해방된 나라들은 대규모 재건 문제뿐 아니라 점령군에 부역한 사람들을 처리하는 문제에도 직면했다. 패전국 대부분은 배상금을 내야 했는데, 역설적이게도 분단되고 피해도 훨씬 컸던 독일은 특히 제1차세계대전 뒤 자국이 치른 것보다 더 많은 배상금을 치렀다. 전쟁 활동은 새롭고 개선된 파괴 무기를 개발하는 것 외에도 항공 운송 수단으로서 전후 교통 상황을 바꿔놓은 제트엔진뿐 아니라 새로운 의약품 개발도 가져왔다.

승리에는 엄청난 희생이 뒤따랐지만, 그렇지 않았을 때 세상이 직면해야 했던 상황은 너무 끔찍해서 그런 희생이 불가피했을 정도였다. 독일이 자신들만 의식하며 이른바 아리아인만이 지구상에 존재하도록 한다는 궁극적인 계획에 따라 자행한 유대인과 집시 집단 학살 정책은 엄청나게 많은 사람들에 대한 훨씬 광범위하고 조직적인 살인, 기아, 강제 불임 시술을 예고했었다. 한편으로 제2차세계대전은 탈식민지화 과정에 박차를 가하기도 했다. 그 과정에는 참전한 식민 열강뿐 아니라 중립국인 스페인과 포르투갈도 포함되었다. 또한 전쟁은 소련인 대다수가 보기에 소련에 새로운 정통성을 부여했다. 하지만 그런 효과도 시간이 흐르면서 옅어졌다. 가공할 싸움에서 다른 세상이 나타났고, 전쟁의 성격상 그리고 특히 전쟁이 가져온 결과는 향후 모든 이들이 아주 신중하게 행동하도록 경고했다.

독서안내

제2차세계대전 전반에 관한 책으로는 Gerhard L. Weinberg, *A World at Arms: A Global History of World War II*(제2판, New York, 2005)가 있다. 전쟁의 기원에 관해서는 같은 저자의 *Hitler's Foreign Policy 1933-1939: The Road to World War II*(New York, 2005)와 Zara Steiner, *The Triumph of the Dark: European International History 1933-1939*(Oxford, 2011)이 있다. 2차대전에 관한 문헌은 방대하지만, 주요 인물에 관한 아주 유용한 안내서로는 Mark M. Boatner III, *The Biographical Dictionary of World War II*(Novato, CA, 1996)가 있다.

개별 전역에 관한 책을 여기서 다 열거할 수는 없지만, 일단 Alexander B. Rossino, *Hitler Strikes Poland: Blitzkrieg, Ideology, and Atrocity*(Lawrence, 2003)를 참고하라. 프랑스의 참패에 관해서는 Ernest R. May, *Strange Victory: Hitler's Conquest of France*(New York, 2000)에서 다뤘다. Michael Korda, *With Wings Like Eagles: A History of the Battle of Britain*(New York, 2009)은 최신 연구 성과를 담았다. 독일의 소련 침공과 뒤이은 동부 전선에서의 싸움 관해서는 Robert Citino, David Glantz, David Stahel, 그리고 Earl Ziemke가 쓴 여러 뛰어난 저작이 있다. 이탈리아 전역에 관해서는 영국과 미국의 공식 역사 문헌이 뛰어난 연구 성과를 보여주며 Richard Lamb, *War in Italy 1943-1945: A Brutal Story*(New York, 1994)는 필요한 보충자료를 제시

해준다. *The Mediterranean and Middle East*(vols I-V)라는 제목의 영국의 공식 역사 문헌은 이탈리아에서 실시된 작전뿐 아니라 북아프리카, 이라크, 시리아 전역의 모든 측면을 다룬다.

1944~45년의 서부 전선에 관한 입문서로는 Alan F. Wilt, *The Atlantic Wall 1941-1944*(New York, 2004); Carlo D'Este, *Decision in Normandy*(New York, 1994); Theodore A. Wilson (ed.), *D-Day 1944*(Lawrence, 1994)가 있다. 뒤이은 싸움을 다룬 책으로는 Ian Kershaw, *The End: The Defiance and Destruction of Hitler's Germany, 1944-45*(New York, 2011); Stephen G. Fritz, *Endkampf: Soldiers, Civilians, and the Death of the Third Reich*(Lexington, 2004)가 있다.

양측의 공중전에 관한 좋은 입문서로는 Tami Davis Biddle, *Rhetoric and Reality in Air Warfare: The Evolution of British and American Ideas about Strategic Bombing, 1914-1945*(Princeton, 2002); Edward D. Westermann, *Flak: German Anti-Aircraft Defenses, 1914-1945*(Lawrence, 2001)가 있다. Nathan Miller, *War at Sea: A Naval History of World War II*(New York, 1995)는 Howard D. Grier, *Hitler/Dönitz and the Baltic Sea: The Third Reich's Last Hope, 1944-1945*(Annapolis, 2007)로 잘 보충된다. 독일 육군에 관한 세심한 분석을 담은 책으로는 Wolfram Wette, *The Wehrmacht: History, Myth, Reality*, trans. by Deborah Lucas Schneider(Cambridge, MA,

2006)가 있다. 독일군 수뇌부에 관해서는 Geoffrey Megargee, *Inside Hitler's High Command*(Lawrence, 2000)에서 많은 통찰을 발견할 수 있다. Donald M. McKale, *Hitler's Shadow War: The Holocaust and World War II*(New York, 2002)는 홀로코스트에 관한 훌륭한 입문서다. 홀로코스트가 독일군의 작전에 끼친 영향을 주제로 한 책으로는 Yaron Pasher, *Holocaust versus Wehrmacht: How Hitler's "Final Solution" Undermined the German War Effort*(Lawerence, 2014)가 있다. 독일의 유럽 대부분 지역 점령을 다룬 책으로는 Mark Mazower, *Hitler's Empire: How the Nazis Ruled Europe*(New York, 2008)이 있다. 1943년 항복 뒤 이탈리아의 내부 분열이라는 복잡한 주제는 Claudio Pavone, *A Civil War: A History of the Italian Resistance*, trans. by Peter Levy(London, 2013)에 정확히 서술되어 있다.

John Costello, *The Pacifc War*(New York, 1982); Ronald H. Spector, *Eagle against the Sun: The American War with Japan*(New York, 1985)은 태평양 전쟁에 관한 멋진 연구서다. 일본의 중국과의 확전 개시에 관한 좋은 입문서로는 Alan D. Zimm, *Attack on Pearl Harbor: Strategy, Combat, Myths, Deceptions*(Havertown, PA, 2011)가 있다. 전쟁의 결정적 순간을 다룬 책으로는 Jonathan Parshall and Antony Tully, *Shattered Sword: The Untold Story of the Battle of Midway*(Washington, DC, 2005)가 있다. 태평양에서의 미군의 첫 공세이자 미국 역사상 가장 긴 전투는 Richard B. Frank, *Guadalcanal: The Definitive*

Account of the Landmark Battle(New York, 1990)에 잘 설명되어 있다. 남서 태평양 전역에 관한 훌륭한 입문서로는 D. Clayton James, *The Years of MacArthur*, Vol. II, *1941-1945*(Boston, 1975)가 있다. 동남아시아 전역에 관해서는 Louis Allen, *Burma: The Longest War 1941-1945*(London, 1984)가 유용한 연구서다. 태평양을 가로지르는 미군의 진격에서 정점에 달한 사건에 관해서는 H. P. Willmott, *The Battle of Leyte Gulf: The Last Fleet Action*(Bloomington, 2005)을 참고하라. 일본에 대한 공습에 관해서는 Barrett Tillman, *Whirlwind: The Air War against Japan 1942-1945*(New York, 2010)에 잘 정리되어 있다. Richard B. Frank, *Downfall: The End of the Imperial Japanese Empire*(New York, 1999); D. M. Giangreco, *Hell to Pay: Operation DOWNFALL and the Invasion of Japan, 1945-1947*(Annapolis, 2009)은 태평양 전쟁의 마지막 단계를 다룬 훌륭한 연구서다.

일본군에 관한 좋은 입문서로는 다음 세 권이 있다. Edward J. Drea, *Japan's Imperial Army: Its Rise and Fall, 1853-1945*(Lawrence, 2009); Paul S. Dull, *A Battle History of the Imperial Japanese Navy (1941-1945)*(Annapolis, 1978); M. G. Sheftall, *Blossoms in the Wind: Human Legacies of the Kamikaze*(New York, 2005). 일본의 동아시아 점령 정책과 그 영향에 관해서는 여전히 다음 책을 살펴볼 필요가 있다. F. C. Jones, Hugh Borton, and B. R. Pearn, *The Far East 1942-1946*(Oxford, 1955).

교전국 지도자들의 전쟁 목표에 관해서는 Gerhard L. Weinberg, *Visions of Victory: The Hopes of Eight World War II Leaders*(New York, 2005)에 정리되어 있다. 주요 정치지도자 5명과 군 지휘관의 관계에 관해서는 다음과 같은 훌륭한 입문서들이 있다. Helmut Heiber and David M. Glantz, eds., *Hitler and His Generals: Military Conferences 1942-1945*(New York, 2002); John Gooch, *Mussolini and His Generals: The Armed Forces and Italian Foreign Policy, 1922-1940*(Cambridge, 2007); Raymond Callahan, *Churchill and His Generals*(Lawrence, 2007); Stephen Roskill, *Churchill and the Admirals*(Barnsley, 1977); Seweryn Bialer, ed., *Stalin and His Generals: Soviet Military Memoirs of World War II*(London, 1970); Harold Shukman, ed., *Stalin's Generals*(London, 1993); Eric Larrabee, *Commander in Chief: Franklin Delano Roosevelt, His Lieutenants, and Their War*(New York, 1987).

전쟁의 여러 측면에 관한 더 많은 추천서로는 앞에서 언급한 *A World at Arms*의 921-944쪽에 실린 'Bibliographic Essay'를 참고하라.

역자 후기

제2차세계대전의 원인과 경과와 결과를 단 한 권 분량으로 논하려는 어떠한 시도도 완전히는 성공할 수 없다.

—존 키건

제2차세계대전은 역사상 가장 규모가 크고 파괴적인 전쟁이다. 주요 열강을 포함해 전세계 30여개 국가에서 1억 명 이상이 직접 관여했고, 약 6000만 명이 사망했다. 참혹했던 이 전쟁은 6년간 여섯 대륙의 하늘과 땅, 그리고 그곳을 둘러싼 모든 바다에서 벌어졌다. 복잡하고 방대한 대부분의 역사적 사건이 그렇듯이 2차대전의 전모를 한 권의 책에 담기란 쉽지 않다.

그래서일까? 국내에 출간되어 있는 2차대전사 책은 분량부터가 압도적이다. 예컨대 2017년에 소개된 앤터니 비버의 『제2차 세계대전』도 1300쪽에 육박한다. 저명한 전쟁사가가 쓴 역작임이 틀림없고 2차대전을 제대로 이해하기 위해서는 기꺼이 읽어볼 만한 책이지만, 부담스러울 수도 있다. 너무 많은 이야기를 다루다보니 자칫하면 다 읽고 나서 핵심 메시지를 놓칠 수도 있다.

이번에 내는 교유서가 첫단추 시리즈의 『제2차세계대전』은 원서 기준으로 150쪽이 채 안 된다. 아마도 국내에 소개된 2차대전사 책 중에서는 분량이 가장 적을 것이다. 그럼에도 내용상 결코 만만치 않은 이 책의 몇 가지 특징을 정리하면 다음과 같다.

첫째, 저자 와인버그의 독특한 이력과 전문성이다. 1928년 독일 하노버의 유대인 가정에서 태어난 와인버그는 10세 때까지 독일에 거주하다 나치 정부의 박해를 피해 가족과 함께 영국을 거쳐 1940년 미국으로 이주했다. 아슬아슬하게 전쟁의 직접적인 화마를 피한 뒤 주일미군에 복무했고, 나중에 시카고대학교에서 역사학 석 · 박사학위를 받았다. 박사논문 주제는 「독일-소련 관계 1939-1941」이었다. 교수가 된 뒤에는 일반 대학뿐 아니라 미국 각군 사관학교에서 군사사를 가르쳤다. 미국 홀로코스트박물관에는 와인버그의 2시간짜리 구술사(oral history) 인터뷰가 보관되어 있기도 하다. 올해 90세인 저자는 만약 2차대전 인간문화재 같은 게 있다면 지정되더라도 전혀 이상하지 않을 인물이다. 그런 저자가 인생의 말년에 해당하는 2014년에 그동안의 연구 성과를 압축해 출간한 책이 바로 이 첫단추 『제2차세계대전』이다.

둘째, 2차대전의 원인과 과정의 큰 그림을 충실하게 그리고 있다. 저자가 서문에서 밝혔듯이, 이 책이 던지고 답한 중요한 질문을 두 가지만 꼽으라면 다음과 같다. "제1차세계대전이라는 끔찍한 전쟁의 기억이 너무나도 생생한 세상에서 어떻게 또다른 전쟁이 벌어졌을까?", "독일이 이길 것처럼 보인 전쟁에서 어떻게 연합국이 승리를 거머쥐게 되었을까?" 이런 물음에 답을 하기 위해 저자는 소소한 에피소드나 인물평, 무기체계에 대한 이야기는 최소화했다. 대신에 파리강화회의와 그 결과에 불만을 품은 독일에서 히틀러가 떠오르게 되는 것을 시작으로 서부 전선, 동부 전선, 아시아·태평양으로 전쟁이 세계적 차원으로 확대되고 결국 연합국이 승리하는 큰 그림에 초점을 맞춰 이야기한다.

셋째, 특정 사건의 다층적 측면을 설명해준다. 전쟁은 단순하지 않다. 여러 국가의 많은 사람들이 직간접적으로 관여한 세계대전은 더더욱 그렇다. 예컨대, 독일의 노르웨이 점령은 독일군에 이롭기만 했을까? 노르웨이에 있는 해군 기지는 나중에 독일 해군이 소련 해군을 공격하기 위한 전초 기지로 활용할 수 있을 뿐 아니라 미 해군의 소련 지원을 방해할 수 있는 시설도 갖추고 있었다. 게다가 철광 자원이 풍부한 스웨덴을 압박해 독일군의 전쟁활동을 돕게 하기도 좋았다. 하지만 노르웨이 침공 작전으로 독일 해군은 큰 피해를 입어 이후에 계획한 영국 침공 지원에 차질을 빚었다. 또 노르웨이에서 연합군이 패배한 사실은 영국 수상이 체임벌린에서 처칠로 교체되는 직접적인 불씨가 되었다. 처칠은 강력한 저항 의지로 영국이 끝까지 싸우게 했다. 이 책은 이처럼 2차대전중 벌어진 특정 사건이 갖는 여러 측면을 잘 짚어준다.

첫단추 『제2차세계대전』으로 큰 맥락을 이해하고 나면 2차대전에 대해 더 알고 싶은 욕구가 생길 것이다. 그런 독자들을 위해 관련 도서 10종을 분량 순으로 정리해보았다.

• 마틴 폴리, 『제2차 세계대전』(박일송 · 이진성 옮김, 생각의나무, 256쪽)

2차대전은 대부분의 한국 독자들에게 익숙하지 않은 공간에서 벌어졌기 때문에 지도 없이 설명만 들어서는 헤매기 쉽다. 이 책은 '지도로 보는 세계전쟁사'라는 시리즈 이름에 걸맞게 컬러 지도 51컷을 실어 독자들의 이해를 돕는다.

• 존 허시, 『1945 히로시마』(김영희 옮김, 책과함께, 256쪽)

2차대전 말기 히로시마에 원자폭탄이 투하되었을 당시 생존자 6명의 이야기를 담았다. 저자는 〈타임〉지 종군기자 출신으로, 300만 부가 팔릴 정도로 화제가 된 작품이다. 2차대전의 정치적 · 군사적 측면이 아니라 당시 생존자의 삶 자체에 초점을 맞춘 책으로, 핵전쟁에 대한 경각심을 불러일으킨다.

• 아트 슈피겔만, 『쥐』(권희종 · 권희섭 옮김, 아름드리미디어, 320쪽)

이 책은 그래픽노블로, 1992년 퓰리처상 수상작이다. 미국 만화가인 아트 슈피겔만이 폴란드계 유대인이자 홀로코스트 생존자인 아버지와 나눈 대화를 만화로 풀어냈다. 나치 치하의 잔혹성뿐 아니라 거기에서 살아남아 현재를 살아가는 이들의 이야기를 때로는 충격적으로, 때로는 담담하게 들려준다.

• 에드워드 키블 채터턴, 『덩케르크』(정탄 옮김, 교유서가, 392쪽)

2차대전 초기 프랑스 북부 해안에서 이루어진 대규모 철수 작전, 일명 다이나모 작전을 다룬 책이다. 독일의 프랑스 침공으로 붕괴 직전에 몰린 연합군이 항전의 불씨를 되살린 계기가 된 역사적 사건을 생생하게 되살렸다. 사건 직후 출간된 책이지만 크리스토퍼 놀란 감독의 영화 〈덩케르크〉 개봉과 함께 국내에 소개되어 화제가 되었다. 『중일전쟁』 저자이자 '밀리터리 군사무기 카페' 스태프로 활동중인 권성욱 씨가 감수를 맡아 원서보다 내용이 더 충실해졌다.

• A. J. 테일러, 『제2차 세계대전의 기원』(유영수 옮김, 지식의풍경, 506쪽)
전간기 유럽 외교를 중심으로 2차대전의 기원을 설명한다. 원서가 1961년에 나온 이 책은 2차대전의 원인이 히틀러라는 절대악의 유럽 정복 야욕이라는 기존 통설에 의문을 던져 세계적인 논쟁을 불러일으켰다. '히틀러를 위한 변명'이라고 비판받을 만한 내용을 담고 있지만, 전쟁의 기원을 여러 측면에서 생각하게 한다.

• 휴 앰브로스, 『더 퍼시픽 1 · 2』(김홍래 · 이영래 옮김, 플래닛미디어, 908쪽)
스티븐 스필버그와 톰 행크스가 만든 HBO 미니시리즈 10부작 〈퍼시픽〉의 공식 컴패니언북이다. 저자는 『밴드 오브 브라더스』를 쓴 스티븐 E. 앰브로스의 아들이다. 태평양 전쟁 당시 일본군과 격전을 벌인 미 해병 4명과 해군 조종사 1명의 실화를 담았다.

• 존 키건, 『2차세계대전사』(류한수 옮김, 청어람미디어, 912쪽)
유명 군사소설가 톰 클랜시가 "우리 시대 최고의 군사사학자"라고 평가한 존 키건의 2차대전 개괄서다. 저자는 영국의 웨스트포인트에 해당하는 샌드허스트 육군사관학교에서 26년간 군사사를 강의한 전문가다. 2012년 78세로 타계할 때까지 다수의 군사 도서를 펴내 국내에도 널리 알려졌다. 한동안 국내 밀리터리 매니아의 필독서로 여겨진 책이다.

• 게르하르트 L. 와인버그, 『2차세계대전사 1 · 2 · 3』(홍희범 옮김, 길찾기, 1272쪽)

미국에서 2005년 출간된 *A World at Arms*의 번역본. 이 분야 최고의 전문가가 썼고 최신 연구 성과를 충실히 담았다. 다만 사진 한 장 없고 지도도 적어 끝까지 읽어내기가 만만치 않다. 어느 정도 관련 지식을 쌓고 나서 읽기를 권한다.

• 앤터니 비버, 『제2차 세계대전』(김규태 · 박리라 옮김, 글항아리, 1288쪽)

국내에 소개된 2차대전 개괄서 중 최대 분량을 자랑하는 최신작이다. 저자는 영국 샌드허스트 출신으로 생도 시절 존 키건의 가르침을 받았다. 유럽 전선뿐 아니라 동아시아 등 전체 전황을 두루 담고 있고, 상당히 잘 읽힌다.

• 이언 커쇼, 『히틀러 1 · 2』(이희재 옮김, 교양인, 2236쪽)

평범한 가정의 반항아이자 실패한 예술가 지망생이 어떻게 전세계를 전쟁의 화마로 몰아넣었을까? 이 책은 히틀러와 나치 독일 연구의 선구자로 손꼽이는 영국 역사학자 이언 커쇼의 히틀러 평전이다. 2차대전과 관련된 인물 평전을 하나만 선택해 읽는다면 이 책을 권하고 싶다.

지도 목록

제2차세계대전

WORLD WAR II

1판 1쇄 발행 2018년 3월 22일
1판 6쇄 발행 2022년 9월 27일
2판 1쇄 발행 2024년 7월 15일

지은이 게르하르트 L. 와인버그
옮긴이 박수민

편집 최연희 이고호
디자인 강혜림
저작권 박지영 형소진 최은진 오서영
마케팅 김선진 김다정
브랜딩 함유지 함근아 박민재 김희숙
박다솔 조다현 정승민 배진성
제작 강신은 김동욱 이순호
제작처 한영문화사(인쇄) 한영제책사(제본)

펴낸곳 (주)교유당 **펴낸이** 신정민
출판등록 2019년 5월 24일
제406-2019-000052호
주소 10881 경기도 파주시 회동길 210
전자우편 gyoyudang@munhak.com
문의전화 031.955.8891(마케팅)
031.955.2680(편집)
031.955.8855(팩스)

페이스북 @gyoyubooks
트위터 @gyoyu_books **인스타그램** @gyoyu_books

ISBN 979-11-93710-43-2 03900